böhlau

Philipp Reichel-Neuwirth

HERRSCHAFT UND PROTEST IN WIENER SAGEN

Wahrzeichen und ihre religionspolitische Propagandafunktion

BÖHLAU VERLAG WIEN KÖLN WEIMAR

Bibliografische Information der Deutschen Nationalbibliothek:
Die Deutsche Nationalbibliothek verzeichnet diese Publikation in der Deutschen Nationalbibliografie; detaillierte bibliografische Daten sind im Internet über http://dnb.d-nb.de abrufbar.

Cover: »Zahnwehherrgott« © Margarete Reichel-Neuwirth

Korrektorat: Philipp Rissel, Wien
Einbandgestaltung: Michael Haderer, Wien
Satz: Michael Rauscher, Wien
Druck und Bindung: Hubert & Co. BuchParner, Göttingen
Gedruckt auf chlor- und säurefrei gebleichtem Papier
Printed in the EU

Vandenhoeck & Ruprecht Verlage / www.vandenhoeck-ruprecht-verlage.com

ISBN 978-3-205-21417-5

Inhalt

Einführung

Dieses Buch ist zum Glück eine Ent-Täuschung

Ein befreundeter Wiener gestand mir unlängst, dass er etwas enttäuscht war, nachdem ich ihm von meinem Buchprojekt erzählt hatte. Er konnte die Thesen zwar verstehen und meinen Erkenntnisdrang dahinter nachvollziehen, aber dass all die bekannten Wiener Sagen nicht aus dem Mittelalter stammen sollten und viel später erfunden worden seien, stieß einiges um, was ihm seine Mutter in seiner Kindheit immer erzählt hatte.

Ich kann ihn und alle anderen erwachsenen Wiener*innen mit ähnlichen Kindheitserinnerungen beruhigen: Sie werden nicht enttäuscht, sondern besser noch: ent-täuscht!

Das ganze Buch ist eine Ent-Täuschung. Es entlarvt kulturgeschichtliche Täuschungen und ruft zur demokratischen Pflicht, sagenhafte »G'schichtln« im Dienste von Machtinteressen zu hinterfragen – denn diese sind nicht harmlos, wie man auch an Verschwörungstheorien rund um angeblich gefälschte Wahlergebnisse und Corona seit dem Jahr 2020 sehen kann.

Viele Sagen waren im Zeitraum ihrer Entstehung auch nicht harmlos.

Was zu Sagen zu sagen ist

Sagen sind phantastische Erzählungen, die suggerieren, auf realen Orten, Zeiten, Ereignissen und Personen zu beruhen und häufig mit greifbaren, natürlichen sowie künstlichen Objekten verbunden zu sein – Bäume, Steine, Skulpturen, Brücken, Bauten etc. Dadurch wirken sie historischer als Märchen, die für irgendwann und mit irgendwem erzählt werden können und in einer fiktiven Welt angesiedelt sind. Das ist eine gelungene Täuschung. Die meisten Sagen sind ebenso fiktiv wie Märchen und wurden nur an reale Orte, Zeiten, Ereignisse, Personen und Objekte angeheftet.

Sagen bedienen sich wie Märchen verschiedener literarischer Topoi (Einzahl Topos), daher kleiner Bausteine von Erzählungen, wie »aufmüpfiger Handwerksgeselle«, »gefallener Hochmut« oder »einem Monster den Spiegel vorhalten«, die zu verschiedenen narrativen Konstellationen kombiniert werden können.

Was von Sagen geglaubt wird

»Die Sagen stammen aus dem Volksaberglauben des Mittelalters.« Diesen Glauben muss ich ent-täuschen:

Mittelalter: Vor allem auf Wien bezogen »geschah« weder etwas im Mittelalter, worauf die Sagen aufgebaut sind, noch wurden sie im Mittelalter erzählt. Wenn, dann bedienen sie sich verschiedener Topoi antiker Mythen oder Heiligenlegenden, wie sie in mittelalterlichen Manuskripten und später in Drucken tradiert wurden. Die meisten Sagen entstanden in der Frühen Neuzeit und später (vom 17. bis zum 19. Jahrhundert) und geben vor, auf noch älterer Überlieferung zu beruhen.

Der Verdacht liegt nahe, dass die Gegenreformation in Österreich ab dem 17. Jahrhundert programmatisch Orte, Symbole und Praktiken der Reformation des 16. Jahrhunderts mit Wundern und Sagen überschrieben, inhaltlich umgedreht und zum Teil in das Mittelalter zurückdatiert hat.

Später kam die Behauptung dazu, dass die Orte (bewaldete Hügel), die symbolischen Objekte (Steine, Bäume) oder die Praktiken (Tanz, Versammlung) vermeintlich heidnischen (keltischen oder germanischen) Ursprungs wären. Diese behaupteten vorchristlichen Wurzeln konnte man wegen der sicheren zeitlichen Distanz und der Ähnlichkeit ihrer Praktiken (Objektzauber) in die katholisierte Leitkultur integrieren. Die Spuren reformatorischer Kultur (Lutherische, Calvinisten, Täufer) des

16. Jahrhunderts wurden somit an diesen Orten und Wahrzeichen bewusst verborgen. Es ist anzunehmen, dass die protestantische Propaganda im Zuge der Konfessionalisierung[1] anderorts ebenso vorging und ihrerseits katholische Spuren überschrieben sowie eigene, dem jeweiligen Weltbild genehme Sagen ins Mittelalter verlegt hat. Häufig begegnet uns in der Sagenentstehung das folgende Schema: *Übernehmen – Überschreiben – Umdrehen – Zurückdatieren.*

Volk: Die Behauptung »Volk« war immer schon politisch motiviert. Demnach sollten sprachlich, religiös sowie kulturell ähnlich und/oder geografisch nahe lebende Menschen glauben, sie seien seit langem »Volk« gewesen, welches sich Sagen am »Herdfeuer« erzählte. Selbstverständlich erzählten sich Menschen sagenhafte Geschichten am Herdfeuer, sie waren aber eher von Autor*innen geschrieben als am Herdfeuer erfunden.

Dem Argument, man könne nicht beweisen, dass es sich bei Sagen nicht um authentisch mündliche Überlieferungen des »Volks« handele, die dann erst im zweiten Schritt aufgeschrieben wurden, wäre zu entgegnen, dass es eben keine »Gesprächsprotokolle«, sondern nur schriftliche Behauptungen von mündlicher Überlieferung gibt. Erst Tonband-Aufzeichnungen der Oral History seit dem 20. Jahrhundert beweisen Mündlichkeit. Außerdem wurde mündliche Überlieferung immer dann betont, wenn es aus politischen Gründen galt, ein Volk zu propagieren, das sich eben nur mündlich und am besten »in Mundart« die eigenen Geschichten erzählt hätte (Zum Beispiel Franz Ziska: *Österreichische Volksmärchen*, Wien 1822). Die Betonung auf »mündlich« und »Volk« entlarvt die politische Motivation dahinter. Mündliche Überlieferung klingt nach »authentischer Volksgeist«, ist aber nicht authentischer als geschriebene Literatur. Die Menschen sind sowohl Konsumenten als auch Produzenten von Kultur und Tradition, aber die Betonung der einen oder anderen Rolle ist jeweils mit politischer Absicht unterlegt.

Aberglaube: Die Abwertung von Volks-Aberglauben seitens der Obrigkeit im aufgeklärten 18. Jahrhundert ließ die einst gemachte irrationale Propaganda vergessen, die ihre Vorgänger-

Obrigkeit im frühen 17. Jahrhundert in die Köpfe der Menschen gesetzt hatte. Das, was seit der Regierungszeit Kaiser Rudolfs II. (1576) und vor allem seines Bruders Erzherzog Ernst in Österreich als vermutlich gegenreformatorische Propaganda (Teufel, Hexen) verbreitet wurde, konnte Maria Theresia anderthalb Jahrhunderte später als Aberglauben bekämpfen lassen.

Es gilt hier nicht, eine einzige große Verschwörung von mächtigen Sagenerfindern an die Wand zu malen, die die Menschen einseitig einer Gehirnwäsche von »oben her« unterzogen. Die »Jesuitenpropaganda« beispielsweise ist später auch ein paranoider Topos geworden.

So zentral wie die These, dass es sich bei »Volks«-Sagen häufig um herrschaftsgenehme und gemachte Propaganda handeln dürfte, so notwendig ist hingegen auch die Annahme, dass es fließende Übergänge und Wechselwirkungen zwischen Mündlichkeit und Schriftlichkeit, zwischen »oben« und »unten« sowie zwischen den verschiedenen kontrastierenden Ideologien gab. Einige Jesuiten standen der Teufelspropaganda ihrer Ordensbrüder sicherlich skeptisch und kritisch gegenüber, wie allgemein viele katholische Kleriker oder fürstliche Berater wahrscheinlich nichts von der Wunder- und Sagenpropaganda hielten, die ihre Kollegen förderten.

Außerdem bleiben manche Sagen einfach unerklärbar.

Zum Forschungsstand über Wiener Sagen

Eine Grundlage für die folgende Studie ist – noch immer – das wissenschaftliche Beiwerk zur Sagensammlung *Die Sagen und Legenden der Stadt Wien* (Wien 1952) von Gustav Gugitz. Das Vorwort bietet einen kompakten Überblick über die Geschichte der Wiener Sagensammlungen ab dem 19. Jahrhundert und die wertvollen Anmerkungen im Anhang skizzieren für jede der erzählten Sagen eine Entstehungsgeschichte anhand von Quellenangaben.

Bis auf naturwissenschaftliche und rar gesäte kulturgeschichtliche Studien zu einzelnen Wahrzeichen und Sagen Wiens wie zum Stock im Eisen in den Wiener Geschichtsblättern (1977) findet sich meiner Recherche nach kaum etwas Ähnliches wie Gugitz. Gustav Gugitz aber muss man sehr kritisch lesen, nicht nur wegen seiner frühen und offenbar überzeugten NSDAP-Mitgliedschaft und seinem Antisemitismus[2], sondern auch wegen des allgemeinen Volks-Essentialismus – Gugitz kritisiert und dekonstruiert zwar erfundene Sagen des 19. Jahrhunderts, geht aber noch von der Annahme aus, dass es eine breite mündliche Überlieferung eines homogenen (für ihn – deutschen) Volkes gegeben habe. Der erste Satz seines Vorworts lautet:

»Die Sagen bilden das eigentliche Geschichtswerk des Volkes.«[3]

Es dauerte nach Gugitz noch dreißig Jahre, bis Publikationen wie *The Invention of Tradition* (Hobsbawm/Ranger 1983) herauskamen und die verbreitete Auffassung, viele Traditionen – und somit auch Sagen – wären der Volkspraxis entsprungen, überzeugend widerlegten. Meist standen konkrete Autoren mit propagandistischen Absichten dahinter. Rezente Arbeiten z.B. über das »Dirndl« – *Tracht macht Politik* von Elsbeth Wallnöfer (Innsbruck 2020) – führen diese kulturwissenschaftliche Dekonstruktion nationalistischer Traditionskonstrukte fort.

Im deutschsprachigen Raum ist es der einflussreiche Sagenforscher und -sammler Leander Petzoldt, der daran zweifelt, dass es sich beispielsweise bei den Stoffen der Grimm'schen Deutschen Sagen um lebendige Volksüberlieferungen handelt, sondern um »ein Arsenal von Chronikerzählungen, Mirakeln und Wunderberichten aus den zahlreichen Werken der Prodigien- und Chronikliteratur vom 15. bis zum 18. Jh.«[4]

Deutsche oder österreichische Sagen?

Im ehemaligen Gasthaus Zum Strobelkopf in der heutigen Strobelgasse im ersten Wiener Gemeindebezirk versammelte sich im Jahr 1814/15 die sogenannte Wollzeilergesellschaft, darunter der berühmte Sagensammler und -erfinder Jacob Grimm. Man wollte deutsche Volkssagen sammeln, so wie sie am Herdfeuer erzählt wurden, aber wie bereits erwähnt, aus überlieferter Literatur stammten. So wie die Bildung des Deutschen Bundes[5], der zeitgleich am Ballhausplatz am Wiener Kongress 1814/15 erarbeitet wurde, erfuhr auch das Grimm'sche Projekt einer gesamtdeutschen Sagensammlung in den Folgejahren keine glatte Weiterentwicklung. Bald entstand, wenn auch der deutsche Grimm dies initiiert hatte, erstmals eine betont eigenständige Tradition österreichischer und somit Wiener Sagensammlungen.[6]

Diese Sammlungen sind nicht von der historischen Entwicklung des 19. Jahrhunderts zu trennen und ebenso konfliktgeladen in ihren darin transportierten Weltanschauungen wie die zeitgenössischen politischen Ideologien.

Die Sagensammlungen bewegen sich wie alle Literatur im Spannungsfeld zwischen den ideologischen Standpunkten von katholisch, deutsch, österreichisch, liberal, national etc.

Das zeigt sich noch daran, dass Gugitz im Jahr 1952 für Wiener (!) Sagen schreibt, die Sagenforschung sei …

> …Teil der Volkskunde, die nach Rankes trefflicher Bemerkung ›heute nicht mehr als eine Hilfswissenschaft der Mythologie getrieben wird, sondern deren letztes Ziel es ist, die Sonderart unseres deutschen Volkes zu erkennen, zu beschreiben, aussprechbar zu machen und zu verstehen.‹[7]

Ich ergänze – ihr Ziel ist es heute, die Sage als Sonderart des menschlichen Erzählens zu erkennen, zu beschreiben und zu verstehen.

Religion war und ist politisch. Die Trennung von Religion und Politik ist aus nachvollziehbaren Gründen selbst politisch motiviert, hat Religion aber nicht entpolitisiert. Der Begriff »religionspolitisch« ist, vor allem auf die Frühe Neuzeit angewandt, eigentlich ein Pleonasmus. Dennoch verwende ich ihn, da die Verquickung zwischen Religion und Politik im heutigen Verständnis nicht mehr so stark oder offensichtlich ist.

Eine besorgte Zwischenbilanz zur politisch motivierten Instrumentalisierung von österreichischen Sagen gibt der Sagensammler und kaiserliche Geschichtslehrer Johann Paul Kaltenbaeck in seinem Vorwort zu den *Mariensagen* (1845):

> Es hat eine Zeit gegeben, in welcher Zerstörung – Bewegung hieß, und wieder eine andere, die geglaubt hat, die Gegenwart in die Vergangenheit hineintragen zu müssen: der ersteren war die Größe des historischen Bewußtseyns verloren gegangen; der letzteren blieb das Gefühl für Recht und Poesie verschlossen! Beide haben noch immer ihre Anhänger, wenigstens unter den Schriftstellern und Schriftgelehrten, und zunächst im Gebiete der Sage und Legende glaubt jeder sich berufen, zu rütteln und zu schütteln, wie es seiner verkehrten Phantasie eben zusagt.[8]

Die aus seiner Sicht beliebig zusammengestellten und erdichteten österreichischen Sagensammlungen, die seit dem Grimm'schen Impuls des Jahres 1814/15 im Kaisertum wucherten, bedrohten demnach die Authentizität der altehrwürdigen und frommen Volkssagen. Kaltenbaeck war der – bis heute weit verbreiteten – Überzeugung, dass Gnadenorte und damit religiöse Wunder-Sagen immer schon aus dem innigsten Bedürfnis der Menschen entstanden wären und Trost nach Krieg und Krisen gebracht hätten.

Trost ja, aber entstanden auch aus dem Bedürfnis der Herrscher*innen und der Feder herrschaftstreuer Autoren. So liefert J. Gebhart (1854 und 1856) nach dem Schreck von 1848 (Revolution) und im Zuge des aufzubauenden Neo-Absolutismus der 1850er-Jahre zwei eindeutig religionspolitisch motivierte Sagensammlungen. Die erste war »für das katholische Publikum zunächst bestimmt.«[9] Zwei Jahre später schreibt er in der Vorrede:

> Eine wohlmeinende Kritik wird gewiss, wenn sie sich auf den katholischen Standpunkt stellt, derlei Bücher, sowie die Legenden-Poesie überhaupt, in Bezug auf deren Wert für die Jugend zu würdigen wissen.[10]

Die Funktion der beiden Sammlungen als katholische Jugend- und Volksbildung und somit Förderung der Treue zum habsburgischen Herrscherhaus ist bei Gebhart eindeutig wie kaum in anderen Sammlungen. Sagentitel wie *Die wunderbare Transsubstantiation zu Klosterneuburg*[11] oder *Kalvinische Spötter werden von Gott gestraft*[12] unterstreichen dies.

Kein »Wunder«, galt es doch in den 1850er-Jahren die Verbindung Habsburgs zur Papstkirche (Konkordat 1855) gezielt über die Schulbildung zu re-etablieren.[13]

Ein subtiles Nachbeben der Re-Katholisierung von österreichischem Sagengut spürt man in der zweiten Hälfte des 19. Jahrhunderts bei Moritz Bermann. Unter dem Pseudonym Berthold Mohrmann schrieb er für die führende katholische Zeitung der Monarchie *Das Vaterland* kurze kulturgeschichtliche Artikel auf klerikaler Parteilinie.

Mit behutsamer Finesse wollte er die Wiener Jugend über die Sagen wieder zur Sittlichkeit zurückführen:

> Das Gute und Edle, das Euch erzählt wird, ahmet nach, das Schlechte laßt Euch zum warnenden Beispiele dienen und ihr werdet einst, zu Männern und Jungfrauen gereift, Eure bürgerlichen Pflichten erfüllen und den Ehrennamen Eurer Eltern für späteste Zeiten fortpflanzen.[14]

Gugitz erkannte den »katholischen Einschlag in den Teufelssagen«[15] und erwähnte den Aufräum-Effekt der Gegenreformation, wodurch einiges an Erzählgut verloren gegangen wäre.[16]

Die Sagen und der Kampf um die österreichische Identität

Den aus Reformation, Gegenreformation sowie verschiedenen Nationalismen herrührenden »Kampf um die Österreichische Identität« hat der Historiker Friedrich Heer in seinem gleichnamigen Hauptwerk (1981) nachgezeichnet. Es handelt sich dabei um eine monumentale Psychohygiene und vermutlich verzweifelte Abrechnung mit einer ideologischen Polarisierung in der Wiener Geschichtsforschung von der Zwischenkriegszeit bis in die Nachkriegszeit nach 1945. Heer tröstet sich nach all der komplexen Widersprüchlichkeit in der österreichischen Ideologiegeschichte – und vor allem nach dem Trauma von 1938–1945 – mit einem verlorenen Paradies Österreich, das sinnlich-heiter, pluralistisch-übernational und ungezwungen katholisch war, das aber immer wieder von meist reformatorischen, aufklärerischen oder nationalistischen Radikalismen zersetzt wurde. Heer attestiert den vermeintlich »von außen importierten« Reformationen die Tendenz zur kollektiven Selbstzerfleischung, welche die »Engpassführungen« der Aufklärung und des Nationalismus nach sich gezogen hätten.

Die österreichische Volkskultur mit »ihren Teufeln und armen Seelen« ist für Heer »fruchtende Tiefenschicht«, »Mutterboden«, die von der aufgeklärten Reinigung immer wieder bedroht war.[17] Er kämpfte kurz vor der Waldheim-Affäre (1986) mit dem Kampf um die österreichische Identität einen Kampf um seine eigene Identität – wie wir alle Österreicher*innen mit kritischem Blick in die Geschichte.

Heer (1981) dient als Referenz für die vorliegende Arbeit, insofern seine fach- und epochenübergreifenden Bögen sich zu einer »Langen Dauer«[18] des Kampfes um die österreichische Identität zusammenfügen, die sich mit dem Entstehungsprozess, der

Verdrängung und Umformung der hier behandelten Sagen deckt. Es verwundert auch nicht, dass die evangelische Geschichte Österreichs, weil sie nach Heer historisch gesehen schmerzhafte Erinnerungen im kollektiven Gedächtnis oder Unterbewusstsein Österreichs verankert hat, deshalb auch in die Mythologie verdrängt oder eben anhand von Sagen umcodiert wurde.

Sagen und Reformation

Die hier untersuchten Sagen mit Propagandahintergrund oder -potenzial sind im spezifisch reformatorischen[19] und gegenreformatorischen Kontext zu verorten. Deshalb werden hier keine anti-türkischen oder anti-jüdischen Sagen behandelt.

Die kulturelle, politische und wirtschaftliche Bedeutung der Reformation in Wien wurde im Jahr 2017 (Reformationsjahr) in einer Ausstellung im Historischen Museum der Stadt Wien erstmals öffentlichkeitswirksam dargestellt und in der Begleitpublikation[20] wissenschaftlich ausführlich untermauert. Ich habe damals Führungen als Geschichtsvermittler für das Museum abgehalten. Die genannte Publikation *Brennen für den Glauben. Wien nach Luther* (2017) ist ein weiterer wichtiger Ausgangspunkt für die vorliegende Studie.

In Vorbereitung zu Stadtführungen über die Wiener Sagen als Austria Guide (»Fremdenführer«) war mir anschließend – mittlerweile sensibilisiert für mögliche reformatorische Codes – der Verdacht gekommen, dass viele vermeintlich aus dem tiefen Mittelalter stammende Wahrzeichen und Sagen überschriebene reformatorische Symbole und Praktiken sein könnten. Ein Verdacht, der sich mit der Forschungsarbeit zu diesem Buch erhärtet hat. Im Sammelband *Brennen für den Glauben* wurden sichtbare Spuren der Reformation des 16. Jahrhunderts in der Stadttopografie Wiens noch als sehr selten angenommen.

Die Studie erarbeitet anhand von fünf repräsentativen Beispielen eine Entstehungs- und Entwicklungsgeschichte der Wiener Sagen sowie der dazugehörigen Wahrzeichen und Symbole. Die Auswahl richtet sich nach der materiellen Sichtbarkeit der Wahrzeichen und Orte sowie nach ihrer Bekanntheit, von der wir auch eine ideologische Aufladung ableiten können. Es handelt sich dabei um Sagen, bei denen wir vielleicht als letzte an Propaganda denken würden. Umso mehr gilt es daher, sie auf ihre subtile religionspolitische Bedeutung hin zu befragen. Die Reihenfolge der Kapitel orientiert sich an der chronologischen Reihenfolge des Erscheinens der Wahrzeichen bzw. Sagen.

Ich beginne mit der prominentesten Wiener Teufelssage: dem Stock im Eisen. Zuerst untersuche ich das Wahrzeichen auf seine mögliche reformatorische und politische Bedeutung hin – als biblische Metapher – ca. 100 Jahre vor der erstmaligen Erwähnung als sagenhaftes Objekt (Zeiller 1632). Die Sagenentwicklung als Folge einer Überschreibungspropaganda vergleiche ich mit anderen zeitgleich erwähnten Teufelssagen in ganz Deutschland in derselben Quelle und in ähnlichen Kontexten. Abschließend zeichne ich anhand von Beispielen die Verwendung der Baum-Metaphorik in der österreichischen Kulturgeschichte bis ins 19. Jahrhundert nach.

Die beiden darauffolgenden Kapitel zu den Sagen über den Basilisken[21] und der Kuh am Brett bilden mit dem Stock im Eisen eine kleine Gruppe von Sagen mit religionspolitischem Propagandapotenzial durch Baum- bzw. Tiermetaphern. Sie werden alle bereits im 16. Jahrhundert in einer Aufzählung bei Wolfgang Lazius (1546) als Häusernamen erwähnt und unterlagen eventuell einer ähnlichen Bedeutungswandlung.

Die beiden letzten Sagen, Hans Puchsbaum – in der Variante mit Teufel – und der Zahnwehherrgott haben keine Vorgeschichte als Hausname oder -zeichen und entstanden im 19. Jahrhundert, wodurch sie zusätzlich zum religionspolitischen und konfessionellen Nachhall auch ein nationalistisches bzw. anti-nationalistisches Propagandapotenzial in sich trugen. Zum Puchsbaum bietet sich, ausgehend von einer repräsentativen Variante (Vogl 1845), ein Vergleich mit Vorläufer- und Nachfolgervarianten an. Diese Variante ragt als Träger einer möglichen Revolutionssymbolik aus den Beispielen heraus. Bei der jüngsten Sage um den Zahnwehherrgott handelt es sich schließlich – und so von Gugitz 1952 bereits belegt – um eine Erfindung, die ziemlich genau zu datieren (1878) und deren Autor (Moritz Bermann) zu identifizieren ist. Hier behandle ich die wahrscheinliche Übernahme des Topos der »wundersamen Zahnheilung« aus der kurz davor wieder aufgekommenen böhmischen Jan-Hus-Verehrung.

Ich habe zum Großteil mit einer gezielten Begriffssuche in Suchmaschinen gearbeitet, die mich zu den zitierten, überwiegend digitalisierten Quellen geführt hat.

Stock im Eisen

> Hacket den Baum umb/und verderbt in/doch solt ir dennocht den grundt der wurtzel inn der erd lassenn/unnd in auff freier wisen/mit eisenen unnd ehrinen ketten anbinden/(...).[22]

Der Stock im Eisen, eines der bedeutendsten Wiener Wahrzeichen, ist ein etwa zwei Meter hoher Fichtenstamm, von hunderten Nägeln durchsetzt. Eine große Axtkerbe wird von Eisenleisten stabilisiert. Den Stamm umschließt ein breiter Eisenring, daran hängt ein Schloss. Seit etwa 500 Jahren befindet er sich in der Wiener Innenstadt, im Bereich des heutigen Stock-im-Eisen-Platzes, seit Ende des 19. Jahrhunderts an dem Hauseck des Palais Equitable – (Abb. 1). Gegenwärtig ist das Wahrzeichen hinter Glas gesichert – (Abb. 2).

Seine Bedeutung ist bis heute unbekannt, meist wurde er als heidnisches Kultobjekt, mittelalterliches Rechtsmal,[23] oder als Teil einer einstigen Tradition der fahrenden Handwerksgesellen, die bei ihrem Aufenthalt in Wien einen Nagel in den Stamm einschlugen, interpretiert. Am bekanntesten ist der Stock im Eisen in Verbindung mit einer Sage, in der ein Schlossergeselle einen Pakt mit dem Teufel eingeht, um ein Schloss zu fertigen, das niemand zu öffnen vermag.

Dieses Kapitel bietet eine neue Deutung an: Der Stock im Eisen wurde in den 1520er-Jahren als herrschaftskritisches Symbol von täuferischen Handwerkern aufgestellt. Er entspricht wortwörtlich dem biblischen »Traum vom großen Baum« des Nebukadnezar (Daniel 4).

Die Traumdeutungen des Propheten Daniel als Kritik an ungezügelter weltlicher Herrschaft waren während der Reformation gebräuchlich. Die Täufer*innen lebten wortwörtlich nach der Bibel und lehnten weltliche Herrschaft ab, was sie auch in Konflikt

1 Der Stock im Eisen im Jahr 1906

2 Der Stock im Eisen heute

mit den herrschaftskompatibleren Lutherischen brachte. Die Anhänger*innen Martin Luthers kritisierten die nicht biblisch herleitbare Selbstermächtigung der Papstkirche in Sachen Liturgie und geistlicher Hierarchie, aber nicht Fürsten-Herrschaft an sich. Die Täufer*innen wurden deshalb härter verfolgt.

Nach dem Ausmerzen der Täufer*innen in Wien um das Jahr 1530 duldete oder übernahm die großteils lutherische Bürgerschaft vermutlich die Protestsymbolik insgeheim und schützte den Stock im Eisen somit vor der habsburgisch-katholischen Obrigkeit. Mit dem Anfang des 17. Jahrhunderts und dem Ende des lutherischen Wiens wollten die Akteure der Gegenreformation die nun ungeschützte einstige Bedeutung des Stock im Eisen entschärfen, sodass ihm, womöglich initiiert von konvertierten Wiener*innen und gefördert von obrigkeitlichen Instanzen, eine Teufelssage und später Gesellentradition angedichtet wurde.

Der Stock im Eisen wird erstmals kommentarlos in einer Rechnung des Wiener Oberkammeramts im Jahr 1533 erwähnt, taucht dann ebenso beiläufig in der Wiener Stadtchronik *Vienna Austriae* von Wolfgang Lazius im Jahr 1546 in einer Aufzählung von Hauszeichen auf und wird im Jahr 1632 in einem Reisebericht von Martin Zeiller kurz, aber bereits als sagenumwobenes Objekt, genannt. Ein Stich aus dem Jahr 1614 gilt als früheste bildliche Quelle für den Stock im Eisen, wo er im Hintergrund einer Prozession an einem der Häuser sichtbar ist – (Abb. 5 und 6).

Handwerker in der Krise

Die 1520er-Jahre waren beinahe apokalyptische Jahre für Wien. Machtkämpfe in der Stadtregierung, eine Feuerkatastrophe, eine Belagerung und die Hinrichtung Andersgläubiger verdüsterten das Jahrzehnt. In das Machtvakuum, das der im Jahr 1519 verstorbene Kaiser Maximilian I. für Wien hinterließ, stießen Reformation und städtische Autonomiebestrebungen. Maximilian veranlasste, dass seine stellvertretenden Regimentsbeamten bis zur Machtübernahme seines Erben und Enkels Erzherzog Ferdinand die Regierung in Wien weiterführten, was zu Widerstand seitens hochrangiger Bürger führte, darunter des Bürgermeisters Martin Siebenbürger. Sie wurden als Aufrührer im Jahr 1522 im Beisein Ferdinands im sogenannten »Wiener Neustädter Blutgericht« hingerichtet. Es wäre keine tyrannische Willkür gewesen, sondern nachvollziehbare Rechtsprechung, wie einige Historiker der Gegenwart gegenüber Historikern des 19. Jahrhunderts immer wieder betonen.[24] Im Jahr 1526 wurde eine neue Stadtordnung erlassen, welche zwar landesfürstliche Kontrolle stärkte, aber nicht nur als einseitige Machtübernahme des Landesfürsten zu verstehen sei, da die alten Rechte der Bürgerschaft nur neu kodifiziert wurden.[25] Eine Gruppe jedoch verlor deutlich an Einfluss – die Handwerker:

> Völlig neu ist in der Stadtordnung die Ausschaltung der ›Gemain‹ der Bürger und ihrer Ausschüsse. (…). Der Stadtrat und der Äußere Rat

sollten hinfort nicht mehr aus Handwerkern, die den Großteil der ›Gemain‹ repräsentierten, besetzt werden. Ursprünglich konnte auch jeder Bürger die Rechnungen der Stadt einsehen, er konnte selbst Einsicht nehmen in die Steuerregister, die Schlüssel zu den Stadttoren hatte jede Woche ein anderer Bürger aus dem betreffenden Stadtviertel zu verwahren, die Viertelmeister wurden ursprünglich von Bürgermeister und Rat aus den Handwerkern gewählt. All das wird nun von städtischen Beamten durchgeführt.[26]

Die »Schlüssel«-kompetenz wird später auch in einer Variante der Stock-im-Eisen-Sage eine Rolle spielen, als der Geselle den Schlüssel zu dem Zauberschloss fallen lässt und somit vom Teufel geholt wird.

Die Handwerkerzünfte verloren in den Städten der Frühen Neuzeit allgemein an Einfluss. Kaiser Karl V. dürfte für die Handwerker, die in den Stadträten saßen, bloß Verachtung übriggehabt haben.[27] Sie wurden somit in ganz Europa für radikal-reformatorische und damit herrschaftskritische Bewegungen empfänglich.

Ihre Entmachtung war vermutlich auch dem wirtschaftlichen Wandel der Epoche geschuldet – lokal produzierende Handwerker mussten sich dem Fernhandel im frühkapitalistischen Europa unterordnen und büßten an wirtschaftlicher und politischer Bedeutung ein, da sie nicht, wie Handels- und Bankhäuser im Schulterschluss mit den Fürsten, überlokal agierten. »Wien verfügte trotz einer Vielzahl an Handwerken über keine exportfähigen Gewerbeprodukte.«[28]

Protest

In der Reformationszeit boten zum Beispiel öffentliche Prozessionen an Feiertagen eine Protestmöglichkeit. Prozessionsteilnehmer erhielten für ihr störendes Verhalten die theologische Rückendeckung von Martin Luther:

Die Kritik Luthers an der nur äußerlichen Frömmigkeit der Prozessionen, die er als ›keyns nott noch nutze‹ und als ›groß heuchley und spott dem sacrament‹ ansah, führte dazu, daß Prozessionsteilnehmer ab den 1520er Jahren in verstärktem Maß verhöhnt, Prozessionen gemäß der reformatorischen Lehre von der eucharistischen Realpräsenz als ›Brot'-Umtragung diskreditiert und sogar parodistische Kopien von Prozessionen und Messen veranstaltet wurden.[29]

Die Teilnahme der Handwerker an den Fronleichnamsprozessionen in Wien wurde deshalb in der Policeyordnung von 1527 umso strenger kontrolliert. Entsprechend hatten sich die Handwerker diszipliniert, demütig und vor allem ernsthaft in die Prozession einzufügen.[30]

Viele Wiener*innen hatten sich bereits der lutherischen Reformation verschrieben, die sich ca. seit dem Jahr 1520 über Laien-Predigten (auch im Stephansdom), Bücher und Flugschriften innerhalb der Bürgerschaft verbreitete. Die Lutherischen wurden grosso modo im Wien des 16. Jahrhunderts eher geduldet. Die zweite reformatorische Gruppe der Täufer*innen wurde hingegen bald sowohl von Lutherischen als auch Katholischen bekämpft.

Täufertum – die Reformation der Handwerker

Die Täufer*innen breiteten sich einerseits von der schweizerischen Reformation und zeitgleich von Deutschland ausgehend in die Niederlande und bis Österreich sowie Ost-Europa aus. Im Jahr 1527 war der Täufer Hans Hut in Wien und predigte die »Herstellung der wahren, echten Christenheit«,[31] seltener auch die Erwartung der Apokalypse.[32] Die Täufer*innen verweigerten die Kindertaufe und den Kriegsdienst, darüber hinaus standen sie weltlicher Herrschaft kritisch gegenüber.

In diesen Jahren erblickten die Behörden aber bereits in den Täufern die größere Gefahr, wie das Edikt von Ofen aus dem Jahr 1527 beweist. Ab dem Ende der 1520er-Jahre setzt auch die grausame Verfolgung der Täufer in der Stadt ein, die in den Dreißigerjahren zwar etwas nachließ, aber niemals ganz aufhören sollte. Während die lutherische Frühreformation in Wien zwar bekämpft wurde und auch einen Märtyrer zu beklagen hatte, sind im Unterschied dazu die radikal-reformatorischen Täufer in großer Zahl hingerichtet worden.[33]

Unter den österreichischen Täufer*innen waren vor allem Handwerker.[34] Einige sind mit Namen erfasst, wie in Wien. Hut betrat bereits »beackerten Boden«:

> Da Hut bei seiner Mission in Wien nicht neu einsetzen mußte, sind seine Erfolge in dieser Stadt nicht weiter erstaunlich: ungefähr fünfzig Menschen will er dort getauft haben – die größte Zahl von der wir überhaupt an einem Ort hören. (…). Namentlich werden als Wiener Täufer der Kramer Kaspar N. mit Frau und Jörg Krautschlegel mit Frau erwähnt, letzterer damals Zöllner ›auf der pruckhen‹ in Wien. Vielleicht war auch der Bindermeister Jorg N., (…), der Glaser Hans Heidersbeck als Wiener Bürger bekannt, die zu dieser Zeit für die Ideen Huts gewonnen worden sein dürften.[35]

Nach einem erfolgreichen Zug durch das heutige Nieder- und Oberösterreich, wo Hans Hut Tausende Menschen als Anhänger*innen gewinnen konnte, starb er 1527 in Haft in Augsburg.

Europäische Handwerkerfamilien blieben bis ins 17. Jahrhundert empfänglich für das Täufertum, gingen in den Untergrund oder nach Amerika. Heute heißt eine Gruppe der amerikanischen Hutterer (eine Täufergruppe) »Schmiedeleut«.[36]

Die Bibel und der Stock im Eisen

In der Schrift *Ein Anfang eines rechten christlichen Lebens (…)* (1527)[37] meint Hans Hut, dass Gott seine Lehre jedem Menschen bei seinem jeweiligen Handwerk offenbart. In Abgrenzung zu den vermeintlich rein textfixierten Schriftgelehrten der lutherischen Reformation betonte Hut die unmittelbare und praxisnahe Offenbarung. Demnach lehrt Gott z.B. den Gärtner bei den Bäumen, den Fischer beim Fischfang, den Zimmermann beim Haus, den Schneider bei dem Fleck auf einem alten Kleid, die Holzhacker bei der Axt am Baum etc.[38] Mit der »Axt am Baum« wird auf eine häufig zitierte Passage der Bibel (Matthäus 3, 10, Lutherbibel 2017) angespielt, das in den Worten Johannes des Täufers das Bestrafen (Umhacken) von gottlosen Gesellschaften (Baum) meint.

Das Bild des Abhackens von Bäumen und Ästen führt Hans Hut weiter aus:

> Der mensch wirt in der schrift vilmal ein baum genent; sol er in das haus kommen, mueß er der welt abgehauen werden mit allen lüsten. Dan wie sich an eim baum ein ast hie hinaus, der ander dort hinaus streckt, also hat es sich mit den begierden des menschen, ein ast streckt sich zum guet, der ander zum weib und kind, der tritt zum schatz, der viert zu äcker und wisen, zue hoffart und zeitlichen eeren.[39]

Eine andere Schrift Huts wurde in Wien illegal nachgedruckt.[40]

Das Gleichnis des Menschen als Baum findet sich beispielsweise auch in »Gottes Gericht über die Irrlehrer«, wo diese als »kahle, unfruchtbare Bäume, zweimal abgestorben und entwurzelt« genannt werden (Judas 1, 12, Lutherbibel 2017).

Der Traum von Großen Baum

Wahrscheinlich erzählte Hans Hut seinen Zuhörer*innen in Wien den Traum des Nebukadnezar (hier aus Gründen der Lesbarkeit: Daniel 4, 7–12, Lutherbibel 2017):

> Dies sind aber die Gesichte, die ich gesehen habe auf meinem Bett: Siehe, es stand ein Baum in der Mitte der Erde, der war sehr hoch. Und er wurde groß und mächtig, und seine Höhe reichte bis an den Himmel, und er war zu sehen bis ans Ende der ganzen Erde. Sein

Laub war dicht und seine Frucht reichlich, und er gab Nahrung für alle. Die Tiere des Feldes fanden Schatten unter ihm, und die Vögel des Himmels saßen auf seinen Ästen, und alles Fleisch nährte sich von ihm. Und ich sah ein Gesicht auf meinem Bett, und siehe, ein heiliger Wächter fuhr vom Himmel herab.

Der rief laut und sprach: *Haut den Baum um und schlagt ihm die Äste weg*, streift ihm das Laub ab und zerstreut seine Frucht, dass die Tiere, die unter ihm liegen, weglaufen und die Vögel von seinen Zweigen fliehen. Doch lasst den Stock mit seinen Wurzeln in der Erde bleiben; er soll *in eisernen und ehernen Ketten* auf dem Felde im *Grase* liegen.[41]

Dieser Traum wird dem König von Daniel ausgelegt: Der Baum sei der Herrscher selbst, dessen weltliche Macht von göttlicher Macht gestutzt werden muss, um geläutert die wahre Herrschaft Gottes anzuerkennen.[42]

Der Vergleich zwischen der Bibelstelle und der Gestalt des Stock im Eisen (Abb. 1) zeigt einige Übereinstimmungen:

1. *Haut den Baum um und schlagt ihm die Äste weg*: Der Stock im Eisen hat 32 Astansätze, die offensichtlich abgesägt oder -gehackt wurden. Es wurde zwar in der Studie in den Wiener Geschichtsblättern von 1977 sehr vage angenommen, dass der Baum um das Jahr 1440 abgeschlagen worden war, was aber von Barchetti (1981) bezweifelt wurde. Er datierte das Abschlagen kurz vor die erste Erwähnung des Stock im Eisen im Jahr 1533 – ein Zeitraum, der die vorliegende These unterstützt.

2. *in eisernen und ehernen Ketten*: Der Eisenring um den Stock im Eisen entspricht den biblischen Ketten, in manchen Bibelfassungen »Fessel aus Eisen« – z.B. Zürcher Bibel. Er erinnert tatsächlich an eine Halsfessel (Abb. 3).

3. im *Grase*: Am unteren Rand um die Basis ist eisernes Gras zu sehen, was dem biblischen Gras entsprechen würde. Es wurde

3 Der Stock im Eisen, Eisenring

4 Der Stock im Eisen, eisernes Gras

allerdings im Zuge der Errichtung des Palais Equitable im Jahr 1891 geschmiedet und nicht im 16. Jahrhundert[43] (Abb. 4).

Metaphern aus dem Buch Daniel

Der Traum vom großen Baum aus dem Buch Daniel wurde im 16. und 17. Jahrhundert verbreitet als politische Metapher für Fürstenherrschaft verwendet.[44] Auch der »Traum der Vier Weltreiche« des Nebukadnezar (Daniel 2) wurde auf zeitgenössische politische Umstände umgelegt.[45]

Für die schlesische Stadt Kłodzko (dt. Glatz) berichtet Martin Zeiller in seinem Reisebuch von 1632 – im Verweis auf zwei weitere Autoren – ebenfalls von einem Baumstumpf als Wahrzeichen, welcher für »Etliche« auch zur Namensgebung der Stadt als »Klotz« beigetragen habe. Demnach war an der Stelle der Stadt »lauter Wald« gewesen. Am Marktplatz ließ man einen großen Eichenklotz oder -stamm stehen, der dann auch als Wahrzeichen der Stadt am Rathaus und unter dem böhmischen Tor zu sehen war.[46] Vom letzten Baum eines einstigen Waldes anstelle der Stadt wird auch in manchen Sagenfassungen des Stock im Eisen erzählt.

Im Wappen der rumänischen Stadt Braşov (dt. Kronstadt) ist ein Baumstumpf mit Wurzeln zu sehen, darauf eine Krone. Mit der Krone auf dem Stumpf wäre der Bezug zum Traum des König Nebukadnezar noch deutlicher zu sehen.

In beiden Städten (Kłodzko und Braşov) ist wie in Wien ein radikal-reformatorischer Hintergrund für die Baumstumpf-Symbolik möglich. Aus verschiedenen Gründen – konfessioneller Ausgleich oder Gegenreformation – blieb aber von der einst herrschaftskritischen bzw. -kontrollierenden Bedeutung nur das Bild oder die Erzählung.

Der Prophet Daniel dürfte vor allem die Täufer*innen angesprochen haben. In der sogenannten Fürstenpredigt von Thomas Müntzer (1524), des Lehrers von Hans Hut, wird ein neuer Daniel beschworen: »Drumb muß ein newer Daniel auff stehn und euch ewre Offenbarung auslegen, und der selbige muß forn, wie Moses lehret an der Spitzen gehn.«[47]

Die letzten Worte vor der Hinrichtung (1536) durch Verbrennen, die der Tiroler Täufer Jakob Hutter in Anwesenheit Erzherzog Ferdinands – der täuferischen Überlieferung nach – gesprochen haben soll, waren dementsprechend auf das Buch Daniel bezogen – womit Ferdinand offensichtlich als Nebukadnezar adressiert wurde: »Nun kombt her ir widersprecher ! lasset vns den glauben im Feuer probiren . Disses Feuer schadt meiner Seel so wenig, als der brünedt offen dem Sadrah, Messach vnd Abednego!«[48]

Matthäus 3 und der Stock im Eisen

Metaphern aus dem Neuen Testament dürften ebenfalls Spuren am Stock im Eisen hinterlassen haben, wie die Axtkerbe unterhalb der Äste bzw. Wurzeln,[49] aus Matthäus 3, 10, Lutherbibel 2017: »Es ist schon die Axt den Bäumen an die Wurzel gelegt; jeder Baum, der nicht gute Frucht bringt, wird abgehauen und ins Feuer geworfen.«

Im Jahr 1981 hat Theodor Barchetti noch die Vermutung geäußert, dass die Kerbe im Baum im Jahr 1529 vor Wien von einem türkischen Reitersäbel verursacht worden sei.

Aber die Kerbe im Baum wirkt zu sehr herausgearbeitet[50], als dass sie mit einem Hieb beiläufig passiert wäre. Sie dürfte so biblisch inspiriert wie die Bearbeitung des gesamten Baumstocks gewesen sein.

Auch der Brandfleck würde ins biblische Bild (Matthäus 3, 10, Lutherbibel 2017) passen:

> Im unteren Bereich konnte ferner ein runder Brandfleck gefunden werden. Auf Grund der geometrischen Form dieser Verkohlung muß angenommen werden, daß Glut oder ähnliches auf den Stock im Eisen gefallen ist, als sich dieser in einer horizontalen Lage befand.[51]

5 Nägel im Stock im Eisen

Eine glühende Eisenstange kommt deshalb auch infrage, weil es an die mutwillige Verkohlung an der Breiten Föhre (Baumwahrzeichen Niederösterreichs) erinnert – wie weiter unten zum Thema Baumfrevel noch ausgeführt wird.

Wer, wenn nicht gerade die Handwerker, die mit Holz und Eisen arbeiteten, konnten diesem biblischen Bild des gestutzten und in Eisen gelegten Baumes als Mahnung für die »Unterdrücker« etwas abgewinnen und ermuntert worden sein, diese Metapher wortwörtlich umzusetzen? Die Täufer*innen verstanden das Christentum in der täglichen Arbeit verwirklicht. So wurde die Bibel in Handwerk übersetzt.

Und die Nägel? (Abb. 5). Vielleicht waren die ältesten eingeschlagenen Nägel im noch – der Bibelstelle entsprechend – verwurzelten Baum Teil der Protestsymbolik, sodass man eine entpolitisierte Gesellen-Tradition im 18. Jahrhundert etabliert hat, um von seiner einstigen Bedeutung abzulenken. Tradierten die Gesellen bewusst oder unbewusst diese Protestsymbolik weiter? Im 16. und 17. Jahrhundert waren darin nur vereinzelte Nägel.[52] Die Assoziation mit der Kreuzigung Christi liegt auf der Hand, gut möglich, dass die wenigen ersten Nägel bereits im 16. Jahrhundert zum Gedenken an die hingerichteten Täufer*innen (und daher Märtyrer*innen) in den noch lebenden Stock im Eisen eingeschlagen wurden.

»Es ist möglich, daß am lebenden Baum eine kreuzförmige Zeichnung vorhanden war.«[53]

Oder handelt es sich hier um eine Art Schadenszauber, wo eine Figur – wie die sogenannten Atzmänner – stellvertretend für eine zu schadende Person mit Nadeln gestochen werden? Die Praxis der Benagelung von Holzobjekten in verschiedenen Volkstraditionen (Nagelbalken) schlug kulturell und symbolisch andere Richtungen ein, abseits der wortwörtlich biblischen Praxis der »Fesselung« des Stocks mit Eisen.

Der Standort und die Hausbesitzer*innen

Waren es die Hausbesitzer*innen am heutigen Stock-im-Eisen-Platz (früher Alter Rossmarkt), die diese Fichte behauen und in Eisen fesseln ließen? Taten sie es selbst? Die meisten Besitzer*innen der Häuser, die mit dem Hauszeichen Stock im Eisen identifizierbar waren, bestritten ihren Lebensunterhalt mit Metallverarbeitung und -verkauf. Bekannt sind Schlosser, Kupferschmiede, Zinngießer und Eisenkramer.[54]

Er dürfte erst an einem Brunnen vor den Häusern gestanden haben, vielleicht als verklausuliertes Protestsymbol in unmittelbarer Nähe von Prozessionsrouten, bevor er nach seiner Entfernung als Hauszeichen an einem der Häuser gesichert wurde (Abb. 6 und 7).

Womöglich erforderte die Neubepflasterung[55] des Alten Rossmarktes die Entfernung des Baumstockes, in deren Zusammenhang der Stock im Eisen zum ersten Mal im Jahr 1533 in einer Rechnung des Wiener Oberkammeramts erwähnt wurde – »Von Adam Eisners Haus bis zum Prun, do d(er) Stockh in Eisn ligt 20 Claffter.«[56]

Nur wer und zu welchem Zeitpunkt den Stock im Eisen von dem nicht eindeutig lokalisierbaren ehemaligen Brunnen an die

6 Prozession vor dem Stephansdom in Wien im Jahr 1614

7 Prozession vor dem Stephansdom in Wien im Jahr 1614, Detail mit Stock im Eisen

Hausmauer transferiert hat, wissen wir nicht, auch sonst gibt es kaum Quellen zu Veränderungen oder Anbauten an Häusern:

> Daten zur privaten Bautätigkeit von Bürgertum und Adel im 16. Jahrhundert sind kaum überliefert; einigen Aufschluß geben Abbildungen, Stadtpläne, erhaltene Baubestände und einzelne verstreute Nachrichten, die Hofquartierbücher enthalten zum Teil Angaben über Stockwerkszahl und innere Raumanordnung der Häuser in der Stadt.[57]

Warum aber wurde ein solches Symbol nach der Vertreibung und Hinrichtung der Täufer*innen um das Jahr 1530 nicht einfach entfernt oder zerstört? Vielleicht haben die geduldeten lutherischen Wiener*innen dieses einst täuferische Wahrzeichen, wie bereits eingangs erwähnt, weiter tradiert oder geschützt.

Es gab eine inoffizielle Solidarität mit den verfolgten Täufer*innen seitens der unteren Obrigkeit (Stadtpatriziat) als Ausdruck der »Unzufriedenheit mit landesfürstlichen Maßnahmen.«[58]

Nicht nur die städtischen Täufer*innen/Handwerker, sondern die Städte allgemein standen in Opposition zum Fürsten – z.B. in Steuerfragen. Die Städte und die Fürsten hatten unterschiedliche Auffassungen in der Frage der Erhebung von Reichssteuern. Die Städte forderten mit ihrer Fürsprache für den sogenannten Gemeinen Pfennig die Steuerlast für alle, daher auch einen Beitrag der Fürsten. Diese wiederum fühlten sich durch eine solche »Gleichmacherei in Steuerfragen« in ihrer Position in der Hierarchie bedroht.

> Für die Fürsten blieben die Städte Unsicherheitsfaktoren, Flecken der Instabilität in einer monarchisch geordneten Welt (…). Wenn die Städte (…) entgegenhielten, die Fürsten sollten ihre Pracht und ihr »fürstliches Wesen« einschränken, sei dies nur ein weiterer Beweis für die wahren Absichten der Städte, die sozialen Unterschiede gänzlich einzuebnen. (…) Wenn man den Obrigkeiten, die ein gutes Regiment führen sollen, auch noch (durch den Gemeinen Pfennig) eine Steuer

> auferlege, erreiche man dadurch nichts anderes als die Aufhebung des gottgewollten Unterschieds zwischen Fürsten und Untertanen.[59]

Daher dürften auch besser gestellte Schichten der Stadt – etwa lutherische Kaufleute – dem Stock im Eisen als Symbol für den »gestutzten« Fürstenreichtum etwas abgewonnen haben.

So konnte die Symbolik vor der landesfürstlichen Herrschaft versteckt oder geschützt bleiben. Ab dem Jahr 1530 gab es genügend juristische Graubereiche und daher Rechte für die Lutherischen und klandestinen Täufer*innen[60], die eine eventuelle Beschlagnahmung von »ketzerisch« konnotierten Hauszeichen nicht so einfach möglich machten. Es finden sich

> (...) im Lauf des späteren 16. Jahrhunderts immer wieder Hinweise auf ein apokryphes Überleben täuferischer Gruppen und Existenzen. (...). So blieb das ganze 16. Jahrhundert erfüllt von Nachrichten über die Existenz von Täufern gerade im oberdeutschen Bereich, wo sich vor allem Handwerker und Ackerbürger zum Täufertum orientierten, (...). In vielen Fällen vermochten einzelne Täufer oder kleine Gemeinden in kleinen Territorien zu überleben, wenn sie sich durch besondere Leistungen als spezialisierte Handwerker oder Amtleute unentbehrlich gemacht hatten.[61]

Blieb dem herrschaftstreuen Humanisten und Universitätsrektor Wolfgang Lazius die verklausulierte Protestsymbolik verborgen, als er den Stock im Eisen in der Stadtchronik nur in einer Reihe mit anderen »loca insigniora« – daher Hauszeichen – erwähnte? Oder ahnte er die Symbolik, hat sie aber ignoriert, damit sie nicht wieder »aufgewärmt« würde?

Als Lazius in den 1540er-Jahren diese Chronik schrieb, galt es, Solidarität zwischen der Stadt Wien und ihrem Landesfürsten und somit Zahlungsbereitschaft zu beschwören. Lazius lobt in seiner Chronik die Treue und den Gehorsam der Stadt Wien, die ihre Landesfürsten nie im Stich ließ, wenn Gefahr drohte und zieht Beispiele aus der Antike und dem Mittelalter heran.[62] Es sollte Frieden zwischen den Konfessionen in den habsburgischen

Erbländern herrschen, um in Eintracht der militärischen Gefahr von außen – Frankreich im Westen, die Türken im Südosten – zu begegnen.

Weder auf Reichsebene noch in den einzelnen Fürstentümern konnte aber ein friedliches Nebeneinander der Konfessionen garantiert werden. Es gab in Wien zwar keinen Bürgerkrieg, aber einzelne Störaktionen – in der unmittelbaren Nähe zum Stock im Eisen:

> Von einem Bäckerjungen, der während einer Prozession zur Fronleichnamsoktav 1549 auf dem Graben dem Priester die Monstranz aus der Hand schlug und auf der Erde zertrat, ging das Gerücht, er sei Täufer.[63]

Martin Zeiller berichtet im Jahr 1632 von diesem Zwischenfall sozusagen in einem Atemzug mit dem Stock im Eisen, wie in diesem Kapitel weiter unten noch ausgeführt wird.

Größere Unruhe brachte der sogenannte Milchkrieg von 1578, als einer Fronleichnamsprozession über den Graben im Beisein von Kaiser Rudolf II. mit einem Milchmarkt der Weg versperrt wurde. Die Wachen stießen die Milchkrüge um und lösten einen Tumult aus.[64]

In diesem Zeitraum wurde der Stock im Eisen offenbar um ein Detail reicher: eine Inschrift am Eisenring zeigt Ziffern für das Jahr 1575, dazwischen ein Monogramm – eine Kombination aus den Buchstaben H, B sowie ein Kreuz auf dem Querstrich des H, heute nur noch schwer erkennbar, besser in einer Zeichnung von Ortolf Harl aus dem Jahr 1977.[65] Man hat damit in der Forschung den Hausbesitzer Hans Buettinger identifizieren wollen, ich ergänze hier, dass es sich dabei um ein erweitertes IHS-Monogramm handeln könnte, da in der Inschrift die Ziffer 1 eher ein I bzw. J und die Ziffer 5 ein S darstellt.

Das IHS ist ein »Nomen Sacrum« und steht für Christus – ein weiteres Indiz für eine christliche und daher auch möglicherweise reformatorische Bedeutung des Stock im Eisen – denn wäre er ein offizielles Wahrzeichen der katholischen Kirche gewesen, wäre er dementsprechend markiert worden. Sollte die Ergänzung des IHS um 5, B und 7 die Bedeutung erweitern oder verschleiern?

Um das Jahr 1570 erfuhren zumindest die Lutherischen in Wien unter der Herrschaft Kaiser Maximilians II. gewisse Zugeständnisse (Religionskonzession 1568 und Religionsassekuration 1571). Vielleicht wurde die Funktion des Stock im Eisen als reformatorisches Symbol mit der Jahreszahl 1575 erneuert. Im Jahr 1576, nach dem Tod des Kaisers und durch die Verschärfung der westeuropäischen Glaubenskriege (in Frankreich und in den spanischen Niederlanden), verschlechterte sich die Lage für die Reformation in Wien. Im Jahr 1577 wurden die evangelischen Prädikanten ausgewiesen und der Milchkrieg des Jahres 1578 als Protestaktion hinterließ nur einen Tropfen auf dem heißen Stein. Im Jahr 1583 inszenierte man eine Teufelsaustreibung aus eindeutig anti-lutherischem Antrieb. Sie machte die Gegenreformation in Wien um den Aspekt des Teufels »reicher«.

Wie der Teufel zum Stock im Eisen kam

Die Wiedererfindung des Teufels

Historiker*innen sind sich uneins, ob der Hexen- und Teufelsglaube eher vom eiskalten Kalkül der Obrigkeit gegen Andersgläubige instrumentalisiert wurde oder aber als abergläubische Hysterie »des Volks« in unsicheren Zeiten grassierte.[66] Wahrscheinlich war es, wie so oft in Krisen, ein Wechselspiel zwischen gezielter Propaganda »von oben« und gewaltbereiter Frustration »von unten«. Verdichtete Gewaltausbrüche können »von oben« her provoziert werden und sich als »von unten« her tarnen – vergleichbar dem vermeintlichen »Volkszorn« gegen die Juden in den Novemberpogromen 1938, der »von oben« her initiiert wurde.[67]

Mit dem gefährlichen Glauben an Teufel und Hexen ist es wie mit seiner literarischen Manifestation, der Sage: Beide wurden häufig bewusst erfunden und verbreitet, um ein paar Generationen später als Aberglaube bekämpft oder im Fall der Sage als »Schatz der Volksphantasie« gehoben zu werden.[68]

Bereits die mittelalterlichen Vorläufer der neuzeitlichen Hexenverfolgungen waren konfessionell motiviert, gerichtet gegen die »ketzerischen« Albigenser und Waldenser, und durchgeführt vom Dominikaner-Orden.

Es kam zu einem Wiederaufflammen der Hexenverfolgungen ab der Mitte des 16. Jahrhunderts, als die Machthabenden das Potenzial des Teufels für die Propaganda gegen Andersgläubige erkannten. Sowohl protestantische als auch katholische Chefstrategen nahmen diese wertvolle Superwaffe in ihr Arsenal auf. Lutherische, Katholiken und Calvinisten wollten sich in der Expertise in Sachen Teufel gegenseitig überbieten.

Auf politischer Ebene wurde nach der Mitte des 16. Jahrhunderts das Verhältnis zwischen den unterschiedlichen christlichen Glaubensrichtungen nicht bereinigt, sondern führte weiterhin zu Krieg, Verfolgungen und Aufständen (Frankreich, Niederlande), weshalb sich der konfessionelle Konflikt auch in den irrationalen Hexen-Teufel-Subdiskurs verlagert haben dürfte, der aber deutlich häufiger juristisch und nicht theologisch gestützt wurde. Viele gläubige (aber in dieser Sache skeptische) Christen aller Schichten äußerten aus Angst, selbst denunziert zu werden, lieber keine Kritik daran.

Die meisten Hexenverfolgungen in Niederösterreich und damit auch in der Umgebung Wiens fanden zwischen den Jahren 1560 und 1630 statt.[69] Diese Zeitspanne deckt sich mit der Früh- und Hochphase der österreichischen Gegenreformation.

Teuflische Scherer-eien

Mit einer inszenierten Teufelsaustreibung in Wien im Jahr 1583, geleitet von einer Hauptfigur der frühen Gegenreformation in Österreich, dem Jesuiten Georg Scherer, wurde der Teufel weniger ausgetrieben als hochoffiziell in Wien eingeführt. Es war reine Propaganda, die er im Stephansdom noch einmal vor größerem Publikum wiedergab und als eine Art Bericht drucken ließ.[70]

Diesem Bericht zufolge beschuldigte eine junge Frau namens Anna Schlutterbauer aus Mank in Niederösterreich ihre Großmutter Elisabeth Plainacher des Pakts mit dem Teufel. Durch die Komplizenschaft ihrer Großmutter wäre der Teufel auch in Anna gefahren. Am 14. August 1583, in der Barbarakapelle des Jesuitenkonvikts in der (heutigen) Postgasse, wurden demnach der Anna Schlutterbauer nach einer langen Befragung tausende Teufel samt dem »Oberteufel« ausgetrieben. Die Großmutter wurde nach Tortur und erzwungenem Geständnis als Hexe verbrannt. Die Enkelin kam ins Kloster.

Was ist die Vorgeschichte? – Es dürften der wohlhabende Onkel, die Großmutter und ihr Grundherr lutherisch gewesen sein. Die junge Frau lebte mit ihrer Großmutter bei ihrem Onkel. Ihr Vater, der die Sache ins Rollen brachte, war aber katholisch, oder er erkannte die Gelegenheit richtig, sich als solcher zu äußern.

Innerfamiliäre Missgunst und sexueller Missbrauch durch den Onkel dürften die Triebfedern des Falles gewesen sein, aber erst durch den konfessionellen Aspekt wurde er für die gegenreformatorische Ausschlachtung enorm wertvoll.[71]

Georg Scherer wird in dem Bericht nicht müde, den Teufel in die Nähe des lutherischen Bekenntnisses zu rücken oder ihn damit gleichzusetzen. So sei er der

> Feind und Lästerer Christi, seiner werten Mutter, aller Heiligen, der hochwürdigen Sakramente, der christlichen Zeremonien, der Priesterschaft und aller rechtgläubigen Christen.[72]

Zwar sei der Teufel durchaus auch den Lutherischen ein Feind, aber diese seien in der Abwehr laut Scherer nicht so erfolgreich wie die Katholischen. Eigentlich sei der Teufel den Lutherischen sehr nahe, so Scherer.

Die vielen Teufel, die der armen Anna Schlutterbauer ausgetrieben wurden, haben sich in den Straßen, Häusern und Köpfen

Wiens festgesetzt, um später in den Sagen gezähmt wieder aufzutauchen.

Des Teufels Hufspuren

Martin Zeillers *Itinerarium Germaniae Nov-Antiquae* (1632), ein fast 700 Seiten starker Reisebericht durch das Heilige Römische Reich und Nachbarländer, weist nur vereinzelte satanische »Fuß- oder Hufabdrücke« in Deutschland am Anfang des 17. Jahrhunderts auf, ist aber durch die darin erstmalige Erwähnung des Stock im Eisen als Teufelswerk für die Erforschung des Wahrzeichens und der Sage von zentraler Bedeutung:

> Zu diesen Plätzen zehlt man auch den orth zum Stock in Eisen/an welchem Stock ein Schloß ist/von deme man fürgibt/daß es von ein zauberischen Schlosserbuben seye gemacht worden/unnd daß niemands solches auffthun könne.[73]

Es fällt im Vergleich mit anderen Städtebeschreibungen Zeillers auf, dass ihm in Wien so oft wie nirgendwo sonst von teuflischen Aktivitäten erzählt wurde (drei- bis viermal) – der Teufel erschien den Wiener*innen auch einst im Stephansdom und im Kaiserspital, weiters hört Zeiller von einem unheimlichen umgedrehten Kreuz im Königinnenkloster. Diese Erzählungen von Erscheinungen wurden später ebenfalls zu Sagen ausgeschmückt.

Die spärlichen Teufelsgeschichten im Reisebericht lassen ahnen, dass der Teufel um das Jahr 1630 nicht mehr so bedrohlich wie noch 50 Jahre zuvor zwischen den großen Konfessionen (katholisch, lutherisch und calvinistisch) stand, sondern wenn, dann den marginalisierten Gruppen wie den Täufer*innen beigestellt wurde, die nach wie vor im Untergrund lebten und sich in entlegenen Orten (auf Bergen und in Wäldern) zu Abendmahl (Brotbrechen) und zu Predigten versammelten. Diese Zusammenkünfte wurden verdächtigt, Hexen-Sabbate zu sein. Für die etablierten Konfessionen war es von »Täuferisch« zu »Teuflisch« nicht weit.[74] Hier muss allerdings betont werden, dass im frühen 16. Jahrhundert ebenso Luther als auch die ersten Täufer wie Thomas Müntzer in vehementer Polemik ihren Kontrahenten den Teufel zuschrieben hatten.

Nach Zeiller (1632) »sollen Zauberer ihren Sabbath« am Brokelsberg bei Halberstadt »halten«.[75] Dort gab es nachvollziehbar täuferische Aktivitäten in der Frühphase des 16. Jahrhunderts. Otfried Preußler lässt in seinem Kinderbuchklassiker *Die kleine Hexe* (1957) die Hexen noch auf dem »Blocksberg« treffen. Ob er von der gegenreformatorischen Verteufelung der Täufer*innen in der Gegend wusste, die zu dem Hexenmythos mutierte?

In Wismar erfährt der Reiseschriftsteller Zeiller von einem Taufstein, der angeblich von einem Gesellen mit des Teufels Hilfe eingegittert wurde, nachdem der Meister die Arbeit nicht fertigstellen konnte.[76] Diese Geschichte erinnert schon deutlich an die Erzählung um den Stock im Eisen in der Fassung des Jahres 1659, wo ein Lehrjunge seinen Meister übertreffen will und mit dem Teufel einen Bund aufrichtet.[77] Auch das Trenngitter im Stephansdom wurde mit der Stock-im-Eisen-Sage verbunden. Demnach hätte derselbe Schlosserjunge dieses Gitter, auch mit des Teufels Hilfe, geschmiedet.[78]

Vielleicht wurde der Taufkessel (für die Kindertaufe) in Wismar von täuferischen Handwerkern eingegittert. Der Namensgeber der heute noch verbreiteten Täufergruppe der Mennoniten, Menno Simons, hatte in Wismar großen Einfluss. Sie wurden im Jahr 1555 aus der Stadt vertrieben.[79] Das Eingittern dürfte für Lutherische als auch für Katholische eine »teuflische« Tat gewesen sein. Noch heute ist das Teufelsgitter an dem Taufkessel sichtbar.

Zurück nach Wien. Zeiller hängt an die kurze Episode mit dem »zauberischen Schlosserbuben« das bereits erwähnte Ereignis an, das sich im Jahr 1549 am Graben zugetragen habe – ein Bäckergeselle schlug einem Priester die Monstranz aus der Hand und wurde bestraft. An diese Protestaktion wurde damals in einer Inschrift an einem Haus am Graben erinnert. Der Täter war vermutlich ein Täufer.[80] Das bewusste Entweihen der Hostie, daher das »Darauf herumtrampeln« und Eingraben, findet sich in vielen Aussagen von Täuferverhören wieder.[81] Ein ähnlicher Vorfall wurde zur Warnung als Teufelsgeschichte erzählt:

> Rund zwanzig Jahre später verspottete ein Württemberger Bäckerjunge die Monstranz, worauf er gemäß einer jahrhundertelang tradierten konfessionalisierenden Erinnerungskultur – wie Matthias Fuhrmann noch 1739 zu berichten wußte – »durch den laidigen Teuffel von der Erd erhoben, weit herumgeführt [wurde ...] auf die Erd gefallen, und halb todter und sprachloß gefunden.«[82]

Da dies einer Quelle des Jahres 1609 zufolge im Jahr 1570 passiert sei, ergibt sich auch eine ähnliche Transformationsdauer von der Protestaktion zur Teufelssage wie für den Stock im Eisen.[83]

Für die Herstellung des Stock im Eisen ist der »Schlosser«, daher ein wegen wirtschaftlicher Schlechterstellung protestierender Handwerker nachvollziehbar und das Attribut »zauberisch« der nachträglichen sozialdisziplinierenden Propaganda geschuldet.

Möglicherweise spielte das Jesuitentheater als »Volkserziehung« bei der Verteufelung des Stock im Eisen – im Zusammenhang mit Fronleichnamsprozessionen über den Graben – eine Rolle. Unter den für Wien überlieferten Theaterstücken finden sich zwar keine Titel, die den Stock im Eisen und seine alttestamentarische Herkunft aus dem Buch Daniel thematisieren hätten können,[84] der Stoff um den Propheten Daniel und den König Nebukadnezar (oder Nabuchodonosor) kam allerdings in München (1635) mit *Nabuchodonosor oder Göttlicher Gerechtigkeit und Barmherzigkeit Schauspiel*, in Breslau (1640) mit *Der gezüchtigte Stolz des Nabuchodonosor* und in Hildesheim (1646) mit dem Titel *Daniel am Hof des Nabuchodonosor* auf die Theaterbühnen.[85] Es ist davon auszugehen, dass der größenwahnsinnige König des Alten Testaments in diesen Stücken auf die protestantischen Gegner im Dreißigjährigen Krieg – auf den schwedischen König? – gemünzt war.

Den Topos des untugendhaften Handwerkers samt Teufel (der zentrale Topos der Wiener Stock-im-Eisen-Sage) findet man auch im Repertoire des Jesuitentheaters (aber ebenso nicht für Wien) überliefert:

> Die Schüler des Kölner Kollegs führten 1612 ein Stück gegen die Trunksucht auf: ›Der trunksüchtige Schmied‹, und stießen aber damit in ein Wespennest. Die Zunft der Schmiede erhob bittere Klage bei einem der Bürgermeister, weil einer ihrer Zunftgenossen in dem Stück zur Hölle gefahren sei, was ein ehrbares Handwerk nicht ertragen könne; es müsse deshalb von den Jesuiten Genugtuung verlangen.[86]

In Innsbruck im Jahr 1629 erscheint in einer Szene einem Schmied der Teufel in Gestalt eines schönen Weibes,[87] was an spätere Varianten der Stock-im-Eisen-Sage erinnert: Bei Bormastino (1719) »verstellt sich der Teufel als altes Weib«.[88]

Womöglich gab es kleinere und nicht schriftlich erfasste Theateraufführungen für die Wiener Öffentlichkeit, wo ein Schlosser, der Teufel und ein Stock im Eisen auftauchten. Vielleicht während einer Prozession vor Ort am Wiener Graben, wo man dieses Wahrzeichen den Teilnehmenden theatral erklärte?

Die Verwendung der Stoffe um Nebukadnezar einerseits sowie des Schmieds und des Teufels andererseits in den Jesuitentheatern lässt vermuten, wie die Verteufelung des Stock im Eisen für die Wiener Bevölkerung zustande kam, die erstmals Martin Zeiller in seinem Reisebericht wiedergibt.

Der Stock im Eisen wird entschärft

Große Bedeutung misst der evangelische Zeiller diesen Erzählungen und der möglicherweise dahinterstehenden religionspolitischen Propaganda jedoch nicht bei. Er äußert sich abfällig gegenüber der »Religion, oder Irrthum«[89] der Hutterischen Brüder, einer Täufergruppe in Mähren. Um die Erörterung des Hintergrunds der Teufelsgeschichten geht es Martin Zeiller aber nicht. Die Beispiele in seinem Reisebericht sind beiläufige Erwähnungen inmitten sachlicher, historischer und topografischer Darstellungen von Städten und Regionen.

Der Autor schreibt im Sinne eines geeinten Heiligen Römischen Reiches deutscher Identität und vermeidet es, interne Animositäten zwischen Christen zu deutlich wiederzugeben. Im Zeitraum der Niederschrift und des Druckes (um das Jahr 1630) war im Reich noch genügend Konfliktpotenzial vorhanden, zu dessen Verringerung Autoren wie Zeiller im kaiserlichen Auftrag beitragen sollten. Aus Anlass der Hundertjahrfeiern zur Augsburger Konfession im Jahr 1630 tauschten die Religionsparteien heftige Polemiken aus.[90]

Martin Zeiller erzählt deshalb für Wittenberg, dass es einst der römisch-katholische Kaiser Karl V. gewesen sei, der dort den Leichnam Martin Luthers vor dem Zugriff und einer möglichen Schändung durch seine spanische Soldaten geschützt habe.[91]

Damit unterstützt Zeiller implizit eine überkonfessionelle deutsche Einheit des Reiches gegenüber dem spanischen Universalanspruch für Europa.[92]

> Meist war die Kompromissbereitschaft der österreichischen Linie gegenüber den Protestanten in den Augen der Spanier zu groß; ein Beispiel dafür sind die Religionsfrieden in den österreichischen Erbländern.[93]

Der Fokus auf Frieden im Reich war nun größer als die Fixierung auf die konfessionell einheitliche Christenheit. Zeiller hütet sich, Andersgläubige zu verteufeln. Das haben gegenreformatorische Autoren vor ihm schon getan. Er gibt nur den leisen Nachhall davon wieder.

Der Friede und die Einheit eines »deutschen« Heiligen Römischen Reiches rückte nach dem 30-jährigen Krieg in den Vordergrund.

In einem Lobgedicht (Sturm 1659) auf die Stadt Wien und auf Kaiser Leopold I. wird Wien sogar als »Haupt Europas« und »deutsches Rom« bezeichnet. Hier wird auch vom Stock im Eisen erstmals in einer kurzen Sage erzählt, wenn auch nur als Anmerkung zu den Örtern und Wörtern im Anhang:

> (...) der Stokk im Eisen genannt, welcher ein zweiästiger Stamm von einem alten festen Baum, daß vor Alters lauter Wildnüs der Stadt Wien gewesen, dahin auf einen Stein gesetzt, zu sehen ist, und mit einem fast Spannen breitem, und zwei Finger dikken Hals- Bande oder Eisen umfasset, daran ein besonder künstlich Schloß hängt, welches kein Mensch auf zu schlüssen vermag, und wie die Alten berichten, daher kommt, daß ein Schlosser vor ein Kunst-Stükk daran gemacht; Sein Lehr-Junge aber aus Verdruß und muthwilligen Vorwiz, seinem Meister zu übertreffen, sich vermessen, mit dem leidigen Teufel einen Bund aufgericht, welcher ihm auch solchen Schlüssel zu verfertigen, rechte Anleitung gegeben hat, aber darbei sich vorbehalten, wenn Er solchen bei dem Aufschlüssen würde fallen lassen, solte er stets sein eigen sein: Welches dann also erfolget, daß der Teufel den Lehr-Jungen hinweggenommen hat, und ist auf dem Hals-Eisen zu sehen, dieses wenige ein gehauen 1, 5, HS, 7, 5, welches dieser Geschieht Gewißheit unzweiffellich anzeiget, und wird der Ort des Stokkes, vor den Mittel-Punct der Stadt gehalten.[94]

Jakob Sturm gibt im Anschluss auch die bereits von Martin Zeiller erwähnte Monstranz-Attacke wieder.

Gemischt mit verschiedenen aus der klassischen Literatur entnommenen Topoi – wie der Rivalität zwischen Meister und Geselle – werden die Varianten der Stock-im-Eisen-Sage immer blumiger, um sich zu den vielen Sagenfassungen ab dem 19. Jahrhundert fortzupflanzen.

Mal kommt der Lehrling oder Geselle darin spät zur Messe, mal zu spät zur Schließzeit des Stadttors, mal ist er betrunken, mal zu ehrgeizig.

So viele Varianten der Stock-im-Eisen-Sage es gibt, so wenig schlüssig sind sie in ihrer erzählerischen Dynamik sowie in der Geschlossenheit und Zwangsläufigkeit ihrer dramatischen Entwicklung. Warum es ein Baum ist, der eingeschlossen wird, wird kaum thematisiert, außer in einer Variante in Verbindung mit dem Bau von Klosterneuburg, die zu den holprigsten Beispielen gehört. Schließlich wurde der Stock im Eisen wie viele andere Sagen ins tiefe Mittelalter verlegt – siehe Einführung.

Der in Eisen gefesselte Baum ist schon ein »schlüssig-geschlossenes« starkes Bild, das für sich selbst steht, stellvertretend für den einzuschränkenden übermächtigen Herrscher. Ein gutes Bild braucht keine überflüssigen Geschichten »drum herum«. Man hat dem Stock im Eisen den Teufel erzählerisch mehr schlecht als recht aufgezwungen, allerdings mit Erfolg – niemand vermutete bislang in der Symbolik eine Herrschaftskritik.

Die Hybris des übermächtigen Herrschers wurde durch die Sage endgültig zur Hybris des aufmüpfigen Handwerkers. Die gegenreformatorische Sozialdisziplinierung hat sich durchgesetzt.

Der Baum erblüht wieder

Entsprechend der Umwandlung des Stock im Eisen von einem reformatorischen Protestsymbol zu einer sozialdisziplinierenden Teufelssage wurde der Baum in Österreich im 17. Jahrhundert als Herrschaftssymbol rehabilitiert. Nun konnte er für den absolutistischen Barockfürsten uneingeschränkt erblühen.

In einer gedruckten Auslegung des Ulmer Superintendenten Conrad Dieterich, betitelt *Ulmischer Regenten Baum* (1621), wirkt der Traum des Nebukadnezar als Schreckensszenario – Dieterich beschwört stattdessen die gute Regentschaft, unter deren Sicherheitsgarantie die Freiheit und die Rechte der Menschen gewahrt bleiben. Der Prediger beschwört in bewusster Abgrenzung auch zu den umstürzlerischen Täufer*innen den blühenden und schützenden Baum.[95] Für die lutherische Konfession hatte das Prinzip der weltlichen Herrschaft eine Schutzfunktion, wie in der Reichsstadt Ulm. Er betont, dass man hier froh sein könne, im Vergleich zu den bedauernswerten habsburgischen Erbländern, womit er auf die intensiv betriebene katholische Gegenreformation in Österreich anspielt.[96]

8 Die heilige und die kaiserliche Familie, 1680

Ein Stich von Johann Martin Lerch zeigt die Herrscherfamilie und die Heilige Familie bei einer gemeinsamen Begießung des »österreichischen Baumes« (hier eine Palme, vgl. Psalm 92, 13, Lutherbibel 2017), woraus die Wappen der Kronländer sprießen. Eine Sonnenmonstranz, der Heilige Geist und Gottvater krönen das Bild. Als »Symbolfigur (…) für die antiprotestantische katholische Mission« sollte vor allem der Heilige Joseph den »österreichischen Paradiesgarten«[97] beschützen. Im Bild gießt auf der einen Seite das Jesuskind, auf der anderen Seite der junge Joseph, Sohn Kaiser Leopolds und späterer Kaiser Joseph I., den Baum (Abb. 8).

Im Jahr 1840 wird dem Kaiser des Kaisertums Österreich, Ferdinand I., von Johann Jungmann ein Gedicht gewidmet, worin in Anlehnung an den Traum des Nebukadnezar der habsburgische Stammbaum nach so manchen »Absterbungen der Zweige« in der Dynastiegeschichte wieder sprießen sollte:

Und vorn der Habsburg kräftiger Bau,
Verödet, verlassen, und morsch und grau.
Doch aus den Mauern, von Epheu umwebt,
Ein zartes Bäumchen sich grünend erhebt,
Und jugendlich kräftig des Bäumchens Schaft
Stets höher und höher strebt,
Bis endlich in herrlicher üppiger Kraft
Ein Eichbaum sich mächtig erhebt.
Und immer noch dichter im herrlichsten Grün
Noch sprossende Zweige die Aeste umzieh'n.
Und aus den Zweigen ein Aar sich erhebt,
Mit Scepter und Kron' ob der Eiche schwebt,
Und schützend am Stamm ein gewaltiger Leu
Die kräftigen Glieder reckt,
Indess sich der Wipfel stets frisch und neu
Mit sprossenden Zweigen bedeckt.
Und herrlich bis über der Berge Kranz
Sich breitet der strahlenden Krone Glanz.
Doch endlich ersiecht des Lebens Kraft,

Ein Zweig nach dem andern erstirbt, erschlafft:
Die kräftige Eiche, so herrlich zuvor
Geschmückt mit dem üppigsten Grün,
Sie streckt die erstorbenen Aeste empor,
Die nimmer zum Leben erblüh'n.
Ein einziger Zweig nur am Baume noch lebt,
Und üppig und jugendlich kräftig sich hebt.
Da nahet ein Engel – er hat ihn erkannt, –
Ein grünendes Reiss in seiner Hand.
Ein herrliches Reiss aus fernem Land,
Vom edelsten Baume gelöst,
Er knüpft es im innigen, heiligen Band
Am sprossenden Zweige fest.
Und neues, kräftiges Leben er schafft,
Es sprosset die Eiche mit üppiger Kraft.
Und mild der Engel zum Kaiser spricht:
»Vermagst du zu deuten diess Traumgesicht?
»Du hast gepflanzt ein würdig Geschlecht
»Der kräftigen Eiche gleich,
»Und schützen wird Gott es im heiligen Recht,
»Und segnen sein glückliches Reich.
»Und mögen auch toben die Stürme der Zeit,
»Dein Name ist ewigem Ruhme geweiht.« –
Und rings im Thal und den Bergen entlang
Ertönet festlicher Chorgesang:
Und »Segen Oestreichs hohem Sohn«
Ertönt es, wie Harfenklang,
Und bis zu des Herrschers Wolkenthron
Erhebt sich der Preisgesang. –
Und der Kaiser erwacht mit heiterem Blick,
Ihn beuget nicht mehr des Lebens Geschick:
Denn Habsburg's Geschlecht ist dem Herrn vertraut,
Durch ihn er das Wohl seiner Völker baut.[98]

Es war aber mit dem symbolischen Behauen der Bäume noch nicht vorbei.

In der Legende um das Wunder von Maria Taferl in Niederösterreich wird von dem Holzfäller Thomas Pachmann erzählt, der im Jahr 1633 auf der Suche nach Brennholz einen heiligen Baum fällen wollte. Eine Kerbe konnte er schlagen, aber sich selbst verwundete er durch göttliches Wirken auch, da er das Kruzifix im Baumloch erst nicht sah. Dann bereute er und wurde geheilt.[99] Vielleicht hatte man hier an einem Ort täuferischer Versammlungen – Hans Huts Missionszug führte im Jahr 1527 an der Gegend vorbei – nach der Bibelstelle Matthäus 3, 10 einen Baum beschlagen, was zu einem Baumfrevel und nach getaner Sühne zu einem Wunder umgedeutet wurde. Die im *Österreichischen Myrrhenberg* (1723) genannten »rebellischen Sünder«, die zur Buße wieder dorthin zitiert wurden,[100] wussten vielleicht von der ursprünglichen Bedeutung der Axtkerbe.

Sichtbare Wunden eines Baumes – durch hacken, brennen und sonst wie malträtieren – können selbstverständlich immer auch auf einen »Lausbubenstreich« oder einen versuchten Brennholz-Diebstahl zurückzuführen sein. Aber gerade an religiös aufgeladenen Plätzen, die vermutlich oft als geheime Versammlungsorte der Reformation gedient hatten und dann zu Wallfahrtsorten umgewandelt wurden, war eine Axtkerbe nicht nur ein Sakrileg, sondern ein Protestsymbol.

Die üppige Baummetaphorik der Habsburger provozierte auch das »Enfant terrible« der Dynastie und Feind der wuchernden Frömmigkeit – Kaiser Joseph II. – dazu, »die Axt wieder an die Wurzel des Baumes stellen zu lassen« (Abb. 9 und 10).

Hier dient der Baum als Sinnbild für die überkommenen Privilegien und Reichtümer des Geistlichen Standes (besonders die Orden), die demnach gestutzt werden müssen. Der Bettler am Berg erhält den Schlüssel zum Himmelreich von Petrus – »Selig sind, die da geistlich arm sind; denn ihrer ist das Himmelreich« (Matthäus 5, Lutherbibel 2017), entsprechend der Bergpredigt

9 »Ein jeglicher Baum, der nicht gute Früchte bringt, wird umgehauen« (Allegorie auf die religionspolitischen Reformen Josephs II.), um 1782

10 »Ein jeglicher Baum, der nicht gute Früchte bringt, wird umgehauen« (Allegorie auf die religionspolitischen Reformen Josephs II.), um 1782, Detail mit Axt

und Wort Gottes, wie rechts angeführt wird. Links bei den Ordensleuten ist das Fischernetz der »Menschenfischer« (aus Matthäus 4) zu sehen und in der Mitte der Baum mit einer Axt am Stamm (Matthäus 3, 10).

Im 19. Jahrhundert kam es ebenfalls zu Vorfällen von Baumfrevel, wie an der Breiten Föhre, einem Naturdenkmal bei Mödling, südlich von Wien.

Die Breite Föhre wurde »an ihrem Fuße, wahrscheinlich durch Muthwillen bis tief in das Mark hinein verkohlt (…).«[101]

Im Gemälde von Schnorr von Carolsfeld steht ein Wanderer andachtsvoll vor der Breiten Föhre und somit unter der landesfürstlichen Herrschaft (Abb. 11).

Es werden weitere Angriffe auf den Baum und wundersame Racheakte erwähnt:

> Auch Mythen ranken sich um die »Breite Föhre«. So soll am Beginn des 20. Jahrhunderts ein wandernder Maler auf ein Marterl mit einer

11 Die breite Föhre nächst der Brühl bei Mödling, von Ludwig Ferdinand Schnorr von Carolsfeld, 1838

Mariendarstellung geschossen haben und die Muttergottes ins Auge getroffen haben. Auf einer späteren Wanderung sei er versehentlich ins Schussfeld eines Jägers geraten sein, der auf einen Fasan gezielt hätte. Indes traf er den Maler ins Auge.[102]

Oft ist es einfach eine Mutprobe oder Böswilligkeit, die Menschen zu solchen Taten treibt. Aber womöglich steht dahinter auch eine unbewusste Tradition des Protests gegenüber Herrschaftssymbolen.

Das Benageln von Bäumen oder Holzfiguren wurde hingegen als eine öffentlich bewusste Tradition – weniger als Protest – fortgesetzt. Der Stock im Eisen als Handwerkersymbol fand in der Habsburgermonarchie einige Nachahmer,[103] außerdem war die sogenannte Kriegsnagelung während des 1. Weltkriegs, bei der Figuren aus Holz mit Nägeln beschlagen wurden – Wehrmänner in Eisen, vom Stock im Eisen inspiriert. Sie diente den Spendenaufrufen für Kriegswitwen und -waisen und war eine sinnvolle Interpretation des Wahrzeichens.

Aber das Beschlagen, Mit-Eisen-Fesseln, Einkerben und Verkohlen eines Baumes als biblisch unterlegte Protestpraxis ist damit neutralisiert und vergessen worden. Sie hat vielleicht im warnenden Sprichwort: »Ich stell' dir einen Baum auf!« überlebt.

12 Das Basiliskenhaus, Schönlaterngasse 7

Basilisk

Geht man von der heutigen Postgasse, wo Georg Scherer im Jahr 1583 in der Barbarakapelle die Teufelsaustreibung inszenierte, ein paar Schritte die Schönlaterngasse hinauf, gelangt man bald zu einem weiteren »teuflischen Ort«[104], dem Basiliskenhaus (Schönlaterngasse 7, Abb. 12). Es ist eines der vielen kleinen Wiener Sehenswürdigkeiten abseits der klassischen Touristenwege und Schauplatz einer der phantastischsten Sagen Wiens: die Geschichte um einen giftig stinkenden Basilisken – die Kreuzung aus einer Kröte und einem Hahn – in einem Brunnen.

Das seit der Antike bekannte und pseudo-wissenschaftlich beschriebene Fabelwesen trägt als Namen die verkleinerte Form von Basilos, griechisch für König, und daher auch einen Spottnamen – »kleiner König«, oder wenn man will wienerisch – »Königerl«. Er trägt in der bildlichen Überlieferung dementsprechend oft eine kleine Krone. Der Basilisk ist sicherlich ein mythologischer Verwandter des Grimm'schen Froschkönigs.

Den Namen erhielt das Basiliskenhaus von einer Basiliskenfigur aus Stein an der Fassade (Abb. 13). Sie könnte wie der Stock im Eisen erst als reformatorisches Protestsymbol und Hauszeichen im 16. Jahrhundert etabliert worden sein, bevor sie viel später zu einer Sage verwandelt und somit entpolitisiert wurde.

Basilisken-Basics

Es gibt drei zeitliche und inhaltliche Ebenen der Genese des Basilisken, die auch auf der Hausfassade (Abb. 12) unterscheidbar sind:

13 Steinfigur eines Basilisken, Schönlaterngasse 7

1. Die Steinfigur ist entweder das Original oder ein Nachfolger eines Hauszeichens, das erstmals im Jahr 1546 erwähnt und möglicherweise im Jahr 1577 renoviert wurde. Sie ist heute oberhalb des Wandbildes und der Inschrift, in einer Mauernische aufgestellt, zu sehen (Abb. 13).
2. Das erstmalige Verfassen der Inschrift wird für das Jahr 1577 angenommen. Es wurde Ende des 17. oder Anfang des 18. Jahrhunderts entfernt und im Jahr 1932 wieder hinzugefügt (Abb. 14).
3. In diesem Jahr 1932 entstand offensichtlich auch das Wandbild mit Bäckergesellen und Basilisk (Abb. 15), das sich auf die motivische Erweiterung der Sage mit einem Bäckersknecht durch Moritz Bermann (Bermann 1865) – bei Bermann allerdings in der Variante noch ohne Spiegel und Happy End – bezieht.

Wandbild und Inschrift wurden laut Zusatz im Text im Jahr 1965 wiederum renoviert.

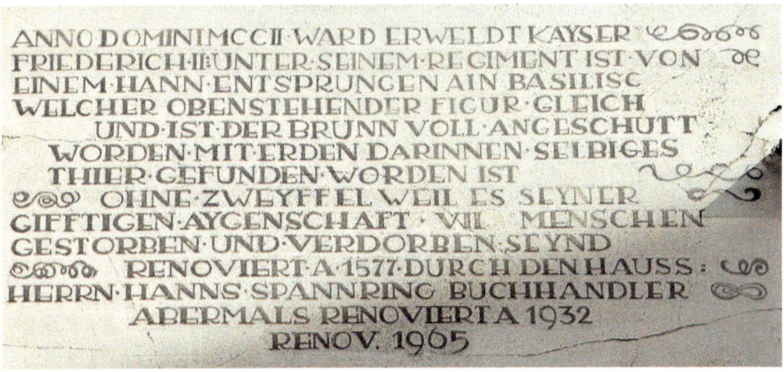

14 Inschrift auf der Fassade Schönlaterngasse 7

15 Wandbild mit Bäcker und Basilisk an der Fassade Schönlaterngasse 7

Die älteste bisher bekannte Quelle für den Wiener Basilisken ist die Stadtchronik von Wolfgang Lazius (1546), wo er in einer Reihe von Häusernamen mit dem Stock im Eisen angeführt wird: Wo der Basilisk gefunden wurde – ubi basiliscus repertus.[105] In der Neubearbeitung der deutschen Übersetzung (erstmals 1619?) der Chronik von Heinrich Abermann wird der Hausname mit »da der Basilisk erfunden« statt »gefunden« angegeben.[106]

Wolfgang Grueber besaß das Haus im Jahr 1547, davor sind keine gesicherten Angaben überliefert.[107]

Frühe religiöse Bedeutung

Vermutlich kam die Vorstellung eines Basilisken wegen des tiefen und bemerkenswert breiten Brunnenschachtes beim Nachbarn – ab dem 17. Jahrhundert genannt Heiligenkreuzerhof – auf. Das Bezwingen (durch Gebet) eines in einem Klosterbrunnen sitzenden giftigen Basilisken hat literarische Vorbilder, die tausend Jahre älter als der Wiener Basilisk sind.[108] Der Basilisk erscheint in der Bibel als Symbol für das Böse (vor allem Jesaja 59). Davon ausgehend setzt Martin Luther wiederholt die katholische Kirche und den Papst mit einem Basilisken gleich.[109] Da der Wiener Basilisk erstmals in der ersten Hälfte des 16. Jahrhundert erwähnt wird, ist anzunehmen, dass er als Symbol für lutherische Hausbesitzer*innen »erweckt« wurde. Die Reformation der Stadt Memmingen in Bayern am Anfang des 16. Jahrhunderts benutzte möglicherweise in ähnlicher Weise einen bereits »vorhandenen« steinernen Basilisken als Protestsymbol, um das später eine neutralisierende Sage gewoben wurde.[110]

Die erste Steinfigur in Wien könnte dementsprechend ab den 1520er-Jahren angebracht worden sein. Sie wirkt wie eine Persiflage auf Heiligenfiguren oder Madonnen, die als Hauszeichen in Fassadennischen aufgestellt wurden.

Wie der Stock im Eisen mit der Jahreszahl 1575 am Eisenband wurde auch der Basilisk mit der Jahreszahl 1577 in der Inschrift ca. fünfzig Jahre nach einer wahrscheinlichen erstmaligen Aufstellung erneuert, in einer Zeit, als sich der konfessionelle Konflikt in Wien wieder verdichtete. Die Inschrift heute:

ANNO DOMINI MCCII WARD ERWELDT KAYSER
FRIEDERICH II. UNTER SEINEM REGIMENT IST VON
EINEM HANN ENTSPRUNGEN AIN BASILISC
WELCHER OBENSTEHENDER FIGUR GLEICH
UND IST DER BRUNN VOLL ANGESCHUTT
WORDEN MIT ERDEN DARINNEN SELBIGES
THIER GEFUNDEN WORDEN IST
OHNE ZWEIFEL, WEIL ES SEYNER
GIFFTIGEN AYGENSCHAFT VIL MENSCHEN
GESTORBEN UND VERDORBEN SEYND.
RENOVIRT A. 1577 DURCH DEN HAUSS
HERRN HANNS SPANNRING, BUCHHANDLER
ABERMALS RENOVIERT A 1932
RENOV. 1965[111]

Fangen wir bei der Analyse der Inschrift mit dem Hausherrn an:

Hanns Span(n)ring

Am 3. Jänner 1577 mussten Hans Spanring[112] und andere Buchhändler ihre Buchläden bei St. Stephan räumen, im Verdacht, »sectische« Bücher zu führen.[113] Er versuchte sich noch als junger Hausmann im vierten Jahr seines Unternehmens mit dem Angebot, mehr Zins zu zahlen, zu retten. Vergebens, der Buchladen wurde geschlossen. Wann er das Haus mit dem Namen »Wo der Basilisk gefunden wurde« (Schönlaterngasse 7) bezog, wo er 1577 die Renovierung (der Basiliskenfigur?) vornahm, ist nicht ersichtlich, im Jahr 1567 wird noch der Bäcker Wolff Khielman als Hausherr genannt.[114] Vielleicht besaß er es bereits und nahm den Rauswurf bei St. Stephan als Anlass, an seiner Hausfassade Protest kundzutun. Er taucht noch für das Jahr 1587 als Besitzer auf.

Der Hausherr des Basiliken stand mit anderen Buchhändlern weiterhin im Fokus der Ermittlungen. Es war übrigens der Exorzist Georg Scherer, der am 25. August 1683[115] in einem Brief an den Bischof Caspar Neubeck die Hausdurchsuchungen bei unliebsamen Buchhändlern befeuerte.

Erzürnt wegen der erzwungenen Ladenschließung dürfte Spanring nun den Basilisken als religionspolitischen Zündstoff reaktiviert und mit einer antikatholischen Polemik, verklausuliert als historische Erläuterung, versehen haben.

von einem Hann entsprungen ain Basilisc

Inspiriert von der reformatorischen Streitschrift *Vom Basilisken zu Magdeburg. Item von Hanen eyhe/daraus ein Basilisck wirt/mit seiner Bedeutung aus der heiligen Schrifft.* (1552)[116] von Erasmus Alberus, die Spanring als Buchhändler gekannt haben dürfte, könnte er dem Basilisken in Wien die papstfeindliche Note »ist von einem Hann entsprungen ain Basilisc« in der Inschrift hinzugefügt haben.

Im Zuge einer Visitation im Jahr 1583 wurden Spanring »über hundert Gulden Wert« genommen.[117] Möglicherweise darunter das Büchlein über den Magdeburger Basilisken? Die konfiszierten Bücher Spanrings scheinen in den Akten nicht auf.

Alberus baut in seinem Text, angelehnt an Luther, die Analogien Hahnenei – Basilisk – alttestamentarischer Gesetzbegriff – Papsttum auf:

> Was aber es bedeutet/ das ein Hahn ein Eyhe legt/ wenn er alt ist/und aus demselben ein Basilisck wirt/ dem hab ich nachgedacht/ und die Bedeutung funden/ die sich mit der heyligen Schrifft allenthalben reimet/ wie nochfolgt. (…) Wenn die Predigt des Gesetzes im Men-

schen überhand nimpt und veraltet/ das ist/ wenn der Mensch nichts mehr höret denn das Gesetzs/ wenn nichts vom Evangelio/ Sölche Gesetz Prediger legen Basiliscke Eyer/ denn ihre Predigt wircket den Todt. (…) Im Papstthumb waren alle Prediger Gesetzprediger/ und zu Warzeychen steht schier off allen Kirchen ein Han/ das ist der Gesetzprediger. (…) Der Basilisck (Bapst hett ich schier gesagt) sey so giftig und bös (…).[118]

1577

Die Schließung der Buchläden bei St. Stephan im Jahr 1577 erfolgte dementsprechend nach einem »Basilisken-Gesetz«, war aber nur eine landesfürstliche Maßnahme unter anderen. In dem Jahr begann in Wien die Gegenreformation: Nachdem im Jahr davor (1576) der höchstwahrscheinlich lutherisch gesinnte Kaiser Maximilian II. starb und seine nachdrücklich katholisch erzogenen Söhne Rudolf II. (als Kaiser) und Erzherzog Ernst (als Statthalter in Österreich) die Macht übernahmen, wurde ab dem Jahr 1577 das lutherische Zentrum im Landhaus aufgelöst, der einflussreiche Josua Opitz und andere lutherische Prediger ausgewiesen, die Stadtregierung verstärkt re-katholisiert und evangelische Gottesdienste verboten. Damit begann das sogenannte »Auslaufen« – das Ausweichen auf Herrensitze außerhalb der Stadt für diese Gottesdienste.[119]

und ist der Brunn voll angeschütt worden mit erden,
darinnen selbiges Thier gefunden worden ist

Gleich schräg gegenüber des Basiliskenhauses in der Ostwand des Heiligenkreuzerhofes, hinter bzw. unterhalb einer mit Sagenfiguren dekorierten Nische (Abb. 16), befindet sich der zugemauerte mittelalterliche Heiligenkreuzer Hofbrunnen, der »die übliche Größe der Wiener Hausbrunnen um einiges« mit deutlich mehr als zwei Metern Durchmesser übertrifft.[120]

16 Sagenfiguren in der Brunnennische in der Schönlaterngasse

Er wurde vermutlich im Zuge des Verfalls der dahinter liegenden Kapelle irgendwann im Spätmittelalter zugemacht und »zugeschüttet«, allerdings nicht »voll angeschüttet mit Erden«, wie in der Inschrift am Basiliskenhaus steht. Die Erneuerung der Kapelle und des Gebäudes zur Schönlaterngasse hin fand ab der Mitte des 17. Jahrhunderts statt.[121]

Den Magdeburger Basilisken fand man hingegen in einem Keller, was auch in späteren Wiener Sagenvarianten erzählt wird.

Das Auffinden des Basilisken im Brunnen, der Inschrift am Haus folgend, erklärt sich wahrscheinlich aus einer anderen Überlieferung und wegen dieses prominenten Brunnens im Nachbarhaus. Die Brunnen waren gefährlich, dazu brauchte es kein vermeintliches Monster zur Abschreckung. Im Jahr 1472 verunglückte ein Student beim Schöpfen aus einem Ziehbrunnen im Hof der ehemaligen Lammburse – an der Stelle der heutigen Jesuitenkirche, auch einen Steinwurf vom Basilisken entfernt.[122] Zugegeben, man ist verführt, den Basilisken in Wien wieder aus dem religionspolitischen Diskurs herauszulösen, um doch eine natürliche Ursache – gefährliche Brunnen, giftige Dämpfe – als mittelalterliches »Ereignis« für die Entstehung der Sage zu behaupten. Aber wie bereits erwähnt, gab es das literarische Motiv des »Totbetens eines Basilisken in einem Klosterbrunnen« schon Jahrhunderte zuvor.[123]

Im Zusammenhang mit Wien im 16. Jahrhundert und Spanring als Buchhändler ist die reformatorische Implikation der Geschichte zu stark. Auch der Topos des Auffindens von teuflischen Mischwesen in Gewässern führt uns wieder zur Frühreformation – so musste auch der »Papstesel« in der Spottschrift *Deuttung der zwo grewlichen Figuren Bapstesels zu Rom und Munchkalbs zu freyberg jn Meyssen funden* (von Martin Luther und Philipp Melanchthon, 1523) erst im Fluss Tiber in Rom »gefunden« werden, bevor er für die reformatorische Propaganda ausgeschlachtet werden konnte.

Das zufällige Entdecken eines missgestalteten Monsters – als Warnung vor dem religionspolitischen Gegner – wird in der Konfessionspolemik des 16. Jahrhunderts als naturwissenschaftliches Ereignis erzählt und somit durch diese Beiläufigkeit in der Wirkung verstärkt. Ähnlich verfährt der Weltchronist Thomas Münster in seiner berühmten *Cosmographia* oder *Cosmographey*, wenn er in der Beschreibung der indischen Stadt Kalikut von einem Papst-ähnlichen Teufel – mit Hahnenfüßen auf einem Thron sitzend dargestellt – erzählt, den die Menschen dort anbeten und dem sie »Hahnenblut opfern«.[124] Der dem Basilisken wesensverwandte Hahn ist hier deutlich präsent.

Um nicht zu direkt in das Fadenkreuz der Zensur zu gelangen, verlagerten Autoren ihre papstfeindliche Polemik satirisch in die »Monsterkunde«, in die Geografie oder in längst vergangene Zeiten – z.B. das Mittelalter.

Anno Domini MCC(X)II wardt erweldt Kayser Friedrich II.

War die erste Zeile der Inschrift am Basiliskenhaus demnach als versteckte Kritik an zeitgenössischen Machthabern gemeint? Entspricht der hier genannte Kaiser Friedrich II. somit Kaiser Rudolf II., der im Jahr 1575 zum römisch-deutschen König gewählt wurde und seit dem Jahr 1576 Kaiser war? Aber warum gerade Kaiser Friedrich II. und das Wahljahr 1212?

Einer protestantisch motivierten negativen Projektion auf den Kaiser, der mehr als dreihundert Jahre zuvor gelebt hatte, stünde entgegen, dass Friedrich II. von der päpstlichen Propaganda zu Lebzeiten selbst unter anderem als eine »dem Meer entstiegene Bestie«, als Basilisk sowie in Illustrationen als siebter Kopf des apokalyptischen Drachens dargestellt wurde.[125]

Also würde die Erwähnung des »Ketzerkaisers« in der Inschrift eher der papstkirchlichen Position entsprechen. Andererseits erließ Friedrich II. selbst sogenannte »Ketzergesetze« zur Verfolgung der Häresie, deren ideologische Nachfolgergesetze im 16. Jahrhundert auch Buchhändler betreffen konnten.

Da die Bücherzensur von weltlicher Macht ausging und mit fachlicher Kompetenz der Geistlichen durchgeführt wurde, könnte sich der Unmut Spanrings gegen die Kaiser stellvertretend mit einem Ketzer-verfolgenden »Basiliskenkaiser« des Mittelalters geäußert haben.

Friedrich II. hatte auch eine Schule als Vorgängerinstitution der Universität Wien im 13. Jahrhundert mitbegründet – im 16. Jahrhundert in unmittelbarer Nachbarschaft des Hauses und im Fadenkreuz des evangelischen Spottes. Aber dafür erscheint die Jahreszahl seiner Königswahl (1212) in der Inschrift zu prominent, außerdem war die Friedrich-Episode für die Universität zu lange her und nicht einflussreich genug, als dass sie mehr als dreihundert Jahre später noch konfessionelles Propagandapotenzial bot. Oder doch?

Friedrich II. wurde im 16. Jahrhundert wohl kaum für die Konfessionspolemik instrumentalisiert. Dafür waren biblische Könige (Nebukadnezar) noch geeigneter.

Friedrich II. dürfte allein wegen einer überlieferten Zuschreibung als »Basiliskenkaiser« eingesetzt worden sein, im 13. Jahrhundert ausreichend weit entfernt für die Zensur und doch naheliegend genug für die Wiener*innen, die diese Inschrift schon im zeitgenössischen Sinn zu deuten wussten. Ob der Klerus im Stift (später Heiligenkreuzer) etwas damit zu tun hatte?

Wie der Spiegel in die Sage kam

Nach der Analyse der Inschrift widmen wir uns nun dem Wandbild, das einen Bäckersjungen etwas ungelenk stehend mit Spiegel über einem Basilisken zeigt. In der bis heute einflussreichen Fassung der Sage von Bermann (1865) wird der Spiegel schließlich auch als empfohlenes Mittel gegen den Wiener Basilisken angeführt:

> (…) daß es nur getödtet werden könne, wenn man ihm einen blanken Metallspiegel vor halte. Wenn es dann darin sein eigenes Bild erblicke, entsetze es sich derart über die eigene Scheußlichkeit, daß es vor Wuth und Ingrimm zerberste. Uebrigens sei ein solches Unternehmen immer mit großer Gefahr verbunden und wolle er damit keine Probe anstellen. Da war nun guter Rath theuer. Niemand fand sich, der das Abenteuer gewagt hätte. Endlich gab der Stadtrichter den Befehl, große Steine und Erde herbeizuschaffen, diese wurden in den Brunnen geworfen und somit das Unthier erdrückt und getödtet.[126]

Der Bäckersknecht erliegt in dieser Fassung dem Trauma des Basiliskenblickes, da er von dieser Waffe noch nicht Gebrauch machen konnte. Im Wandbild und in der Figurengruppe in der

Nische des ehemaligen Brunnens ist der Held mit Spiegel in der Hand ja erfolgreich. Sie beziehen sich auf spätere Fassungen mit Happy End und gewonnenem Liebeslohn.

Bermann erweitert in der Sage den Inhalt der Inschrift vielleicht in der Ahnung, wofür der Basilisk einst ein Sinnbild war.

Unbewusst oder wissentlich konnte er mit dem Motiv des Bäckers samt Spiegel die einstige protestantische Instrumentalisierung des Basilisken nun »zuschütten«.

Der Topos des »Spiegelns eines Monsters« ist sehr alt, berühmt ist Perseus mit der Medusa. Für die Basiliskensage dient eine Episode um Alexander den Großen im Alexanderroman als Vorbild, wonach ein verurteilter Verbrecher, mit einem Spiegel behangen, einen Basilisken im Erduntergrund unschädlich macht und somit begnadigt wird.[127] Diese Maßnahme wird von dem Gelehrten Aristoteles empfohlen – bei Bermann (1865) ist es »Heinrich Pollwitzer, Doktor der Weltweisheit.«

Das Spiegeln findet sich, konfessionspolemisch verwendet, ebenfalls in der Geschichte um den Magdeburger Basilisken:

> Man sagt auch/wann der Basilisck in ein Spiegel sihet/so sterbe er. Welche ich wol nirgends gelesen/habe aber fürwar gehöret/es sey zu Hall in Sachsen ein Basilisck in eim Saltzborm gewest/der habe sich an eim Spiegel zu Tode gesehen. So kann man fein durch den Spiegel die Klarheit des heyligen Evangelii verstehn/darin sich die Sünde zu Tode sihet.[128]

Es gab in Wien auch ein Haus mit dem Namen »Wo der Hahn in den Spiegel schaut«.[129]

Für das Jahr 1587 wurde in Warschau eine ganz ähnliche Geschichte erzählt: Dort sind es zwei Kinder, die beim Versteckspiel in einem Keller durch das Gift eines Basilisken umkommen. Ein begnadigter Verbrecher kann dann, mit Spiegeln behangen, das Untier unschädlich machen.[130] Der Gelehrte – Aristoteles im Alexanderroman – ist in Warschau ein »Stadt-Medicus«.

Diese Variante in Warschau könnte einen mit Wien vergleichbaren religionspolitischen Hintergrund gehabt haben – waren es in Wien im Jahr 1577 der neue Kaiser Rudolf II. bzw. sein Bruder Erzherzog Ernst, so war es in Warschau im Jahr 1587 der neu gewählte König Sigismund III. Wasa, der die Gegenreformation vorantrieb.

Der Basilisk in Wien dürfte mit dem Exemplar in Warschau »verwandt« gewesen sein – der Gelehrte Pincier erkundigte sich in Wien Ende des 16. Jahrhunderts nach dem Basiliskenhaus und wird auch als Berichterstatter der Warschauer Sage angeführt.[131] Allerdings kamen Spiegel, Held und Gelehrter in Wien erst im 19. Jahrhundert dazu.

Die Nachgeschichte des Hauses und der Inschrift

Die Inschrift wurde laut Harrer-Lucienfeld im Jahr 1740 im Zuge eines Hausumbaus entfernt,[132] wogegen aber Fuhrmann im Jahr 1738 angibt, dass sie sich nicht mehr am Haus befände.[133]

In der Sagensammlung von Realis (1841) gilt sie als »seit hundert Jahren verschwunden«,[134] worauf sich Harrer-Lucienfeld womöglich bezieht.

Der Hofbibliothekar Peter Lambeck hat sich auf Hinweis der Zisterziensermönche von dem Steinbasilisken und der Inschrift im Jahr 1675 noch mit eigenen Augen überzeugt.[135]

In einem Zeitungsartikel aus dem Jahr 1927 zu den ältesten Wiener Bäckerhäusern, in dem man das Basiliskenhaus nur skeptisch als älteste Bäckeradresse wegen der Sage erwähnt, ist eine Zeichnung eingefügt, die die Basiliskenfigur in der Hausnische, aber keine Inschrift zeigt.

So ergibt sich Folgendes: Die Inschrift wurde Ende des 17. Jahrhunderts entfernt und, durch die Literatur weiter tradiert, erst im Jahr 1932 wieder angebracht sowie um ein sagenhaftes Wandbild erweitert.

17 Luther triumphiert über Murner, aus *Murnarus Leviathan Vulgo dictus, Geltnar, oder Genß Prediger*, 1521

Super basiliscum ambulabis

Im Jahr 1521 steht Martin Luther in einem Bild (Holzschnitt) als Sieger über seinem Kontrahenten, dem Franziskaner Thomas Murner, dargestellt als Leviathan – ein weiterer »Verwandter« des Basilisken (Abb. 17).

Daneben ist aus dem Psalm 91 zu lesen:

Super aspidem & basiliscum ambulabis, & conculcabis leonem & draconem – »Über die Schlange und den Basilisken wirst du schreiten und den Löwen und den Drachen wirst du zertreten.« Luther kann hier als Basiliskenbezwinger verstanden werden. Es war aber im 16. Jahrhundert wie gesagt üblich, teuflische Fabelwesen in den Konfessionskonflikten wechselseitig als Feindbild einzusetzen. Auch Luther selbst wurde bereits zu Lebzeiten oft genug als Basilisk beschimpft.

Auf den im 17. Jahrhundert errichteten Mariensäulen in München und Wien, Symbolsäulen des Sieges über die protestantischen Reichsstände bzw. die lutherischen Schweden im 30-jährigen Krieg, sind genau diese vier bezwungenen Ungeheuer Schlange, Basilisk, Löwe und Drache zu sehen, die je nach Interpretation für alle möglichen Übel, aber vor allem für die Ketzerei/Häresie und daher für den Protestantismus stehen.

So wurde der Basilisk auf zentralen Stadtplätzen prominent zertreten, und parallel dazu ebenso die reformatorische Protestfunktion des Basilisken in der Schönlaterngasse.

Das Wiener Monsterchen wurde nun mit den vielen Sagenvarianten gezähmt, lieb gewonnen und sogar naturwissenschaftlich durch die Faulgase des mittelalterlichen Untergrunds erklärt.[136]

Kuh am Brett

An der Hausfassade der Bäckerstraße Nr. 12 – unweit des Basiliskenhauses – befindet sich das im 20. Jahrhundert wieder freigelegte Freskofragment eines Hauszeichens, das erstmals in der Auflistung von Häusernamen bei Lazius (1546) erwähnt wird: ubi Lupus cum Vacca ludit – daher: Wo der Wolf mit der Kuh spielt (Abb. 18).

Links an der Kante des Mauervorsprunges sieht man den Wolfskopf, ihm gegenüber eine Kuh mit Brille. Sie spielen das Brettspiel Tric Trac, das heute eher als Backgammon bekannt ist. Darüber ist halb eine Person in einer roten Tunika dargestellt, mit einem Wedel in der Hand, um eine Fliege (vor dem Kopf der Kuh) zu verscheuchen. Ein kaum leserliches Spruchband ist oberhalb der Kuh sichtbar (Abb. 19).

Wie in der Schönlaterngasse mit dem Basilisken wurden auch in der Bäckerstraße Fabelwesen für die Darstellung von religionspolitischen Konflikten eingesetzt. Im späten 19. Jahrhundert z.B. vermutete man, dass der Wolf den Protestanten und die Kuh den Katholiken entspräche.[137] Die Metapher der »Kuh beim Brettspiel« wurde allerdings in der lutherischen Publizistik verwendet, wie etwas weiter unten dargelegt wird. Womöglich war das Hauszeichen dennoch anti-protestantisch ausgerichtet, so könnte die »Kuh beim Brettspiel« mit dem Zusatz des Wolfes gegen die »Urheber« der Kuh-am-Brett-Metapher (Lutherische) selbst gerichtet gewesen sein.

Das Hauszeichen Kuh am Brett ist heute bekannter als die gleichnamige Sage, die noch unbeholfener als die erzählerisch holprigen Sagen um den Stock im Eisen wirkt und deshalb kaum in Sagensammlungen erwähnt wird.[138] Das einstige Hauszeichen der 1540er-Jahre dürfte, vergleichbar dem Basilisken, später mit

18 Kuh am Brett, Bäckerstraße 12, Fassade

19 Kuh am Brett, Bäckerstraße 12, Freskofragment

20 Szene aus einem satirischen Papyrus, Deir el-Medina, 1250 v. u. Z. – 1150 v. u. Z.

zusätzlichen Figuren und Text auf der Fassade erweitert worden sein, bevor daraus eine Sage wurde.

Tiere in der (religions-)politischen Satire

Tierfabeln waren im 16. und 17. Jahrhundert meist politische Kommentare – zum Beispiel der *Froschmeuseler* von Georg Rollenhagen Ende des 16. Jahrhunderts. Moralisierende Tierfabeln erhielten um das Jahr 1700 in Wien vor allem durch den Hofprediger Abraham a Sancta Clara Bekanntheit – mit Fabeln wie *Bauer, Fuchs und Jäger.*[139]

Vorläufer der Kuh und des Wolfes beim Brettspiel finden sich schon im Altertum – z.B. ein Löwe mit einer Art Antilope (Abb. 20).

Diese verkehrte Welt, wo Tiere ihre Spiele in Menschenart treiben, wurde auch in Wien über Hauseingängen auf Fassaden bebildert – wie im Falle der »Kuh beim Brettspiel«.

Wie eine Kuh beim Brettspiel

Im Unterschied zu einer eigenständigen ikonografischen Tradition der Tiermetaphern wie »Wolf und Gänse« – die in dem Kapitel noch erörtert wird – ist es bei der »Kuh am Brett« in Wien wahrscheinlicher, dass sie erst über das geschriebene Wort nach Wien kam, von evangelischen Texten inspiriert.

Die Eingabe »Kuh am Brettspiel« in unterschiedlicher Schreibweise – »Kuwe, Kuw, bretspil, Pretspil« – in eine bekannte Internet-Suchmaschine brachte mich zu Digitalisaten von Texten dreier Autor*innen, die die Metapher in den 1520er-Jahren, daher ca. zwanzig Jahre vor der ersten Nennung bei Lazius, nachweislich verwendeten und die durch ihre ideologische oder persönliche Nähe zu Martin Luther hervortraten:

Argula von Grumbach, Hans Sachs und Andreas Althamer. Wahrscheinlich lassen sich noch mehr finden.

Grumbach ist auch wegen ihrer Polemik gegen die Universität Ingolstadt relevant, die auf Wien übertragbar wäre, Sachs auch aufgrund der Tatsache, dass einige seiner Schriften in Wien nachgedruckt wurden.[140]

In einem Schreiben an ihren Vetter Adam von Thering rechtfertigt sich die adelige Schriftstellerin Argula von Grumbach im Jahr 1523 für ihre Solidarität mit einem verurteilten lutherischen Studenten an der Universität Ingolstadt. Darin beklagt sie das Unwissen der Obrigkeit in Sachen Heiliger Schrift:

> Mich kann nicht genug erbarmen unserer Obrigkeit, daß sie es so gar nicht zu Herzen nehmen, weder die geistliche noch die weltliche. Daß ich doch einen kennen lernte, der sich annähme die Bibel zu lesen, auch sich genau erkundigte, was der Befehl Gottes wäre! Und doch verfluchen sie also, würgen und toben ohne alle Weisheit und Grund aus der Schrift! Dennoch soll Niemand sagen, daß es unchristlich sei! Welcher Christ könnte da schweigen? Es ist ihnen aber ebensoviel, so man sagt, das hat Gott geredet, als ob es ein Ungelehrter oder Narr geredet hätte. Was ist aber daran schuld?
>
> Das, daß sie des Wortes Gottes sowohl berichtet sind, als eine Kuh des Brettspiels.[141]

Auch Hans Sachs verwendet sie in dem Dialog *Ain Gesprech aines Evangelischen Christen/mit ainem Lutherischen/darinn der Ergerlich wandel etlicher/die sich Lutherisch nennen/angezaygt/vndbrüderlich gestrafft wirdt.* (1524). Dieses Zwiegespräch ist eine Mahnung an vermeintlich Lutherische, sollten sie den lutherischen

Begriff der Christlichen Freiheit für Unmäßigkeit und für böswilliges Unverständnis gegenüber den katholischen Praktiken missbrauchen. Liebe und Überzeugung durch das ernsthafte Leben der Worte Christi sollten stattdessen im Vordergrund stehen. Ausgangspunkt ist der Umgang mit dem Fasten bei Luther.

> Zu dem so wölt ir all die ir euch Lutherisch nennet an dem frummen man dem Luther ainen deckmantel ewer unschickligkait suchen / und euch seiner leer nit gemeß halten/Dann ob wol Luther die Christliche Freyhait zu erledigung der armen gefangen gewissen angezaygt hat er doch daneben durch seyne schrifften und predig meniglich gewarnt/wie er dann noch für und für tut/sich vor drieglichen/ ergerlichen, / unchristlichen/handlungen zu hüten / un nit also dem Evangelio und wort gottes zum nachtayl mit der that zu schwürmen / und gleych den unbesinten zurasen.[142]

Peter – der zu belehrende pseudo-lutherische Dialogpartner von Hans – merkt an:

> Lieber es seyn vil alter grawer menner/die rümen sich auch/sie wissen das Evangeli/aber sy legens nach irem Kopff auß/und wenn mans im grund fragt/so versteen sy eben so vil im Evangeli als ain Kuw im bretspil/Sol man ir nit spotten darzu und sy straffen.[143]

Daher kommt die Metapher der »Kuh beim Brettspiel« hier aus dem Mund des unreflektierten Dialogpartners.

Ein Schüler Luthers, Andreas Althamer, setzt in der Schrift *Diallage/Das ist vereynigung der streytigen sprüch in der schrifft/* (…) (1528) die Metapher folgendermaßen ein: »Also/in böser mensch ist zu allen guten wercken untüchtig/Tit.1. wie ein Esel zu singen/und ein Ku zum pretspil/(…).«[144]

> Universitäten und Schulen waren neben all ihrer Bedeutung für die akademische Bildung auch konfessionspolitische Machtinstrumente, mit denen der Kampf um die konfessionelle Zukunft Mitteleuropas geführt wurde.[145]

Der Spott mit der »Kuh am Brett« war wahrscheinlich auf die Universität Wien gleich in der Nachbarschaft des Hauses gemünzt.

> Die Angehörigen der theologischen Fakultät waren in diesen Zeiten des Pfaffenhasses in Wien offenbar keineswegs beliebt. Im Jahr 1521 wollte keiner der Professoren das Dekansamt übernehmen, um nicht den damals scheinbar üblichen groben Insultierungen auf der Straße ausgesetzt zu sein.[146]

Paul Speratus, Kollege und Gefolgsmann von Martin Luther, der in Wien im Jahr 1522 die erste nachweisbare evangelische Predigt im Stephansdom hielt, beschwerte sich zwei Jahre später darüber, dass Wien zwar viel Potenzial in der Bürgerschaft hätte, aber in der Universität »ungelernte Eselsköpfe« seien.[147]

Mit dem Wort Esel würden noch Wortspiele auf Kosten des – u.a. Rektors der Wiener Universität – Melchior Khlesl am Ende des 16. Jahrhunderts gemacht werden.[148] Eingedenk des »Papstesels und des Mönchskalbes« (siehe Basilisken-Kapitel) sowie allgemein der tierreichen Polemik der Reformationszeit (Abb. 21) schien sich die religionspolitische Propaganda des 16. Jahrhunderts einen Stall voller Tiere zu halten, die sie immer wieder als Spottmetaphern in die Flugschriften-Landschaft entließ.[149]

Esel, Böcke, Schweine, Kühe und andere Huftiere dominierten der protestantischen Polemik zufolge die katholische Theologie, demnach auch die Kuh am Brett in der Bäckerstraße als ein Kommentar auf die Zustände an der theologischen Fakultät in der Reformationszeit zu verstehen wäre.

21 Luthers Gegner als Monstren, 1521

Aber wer ist der Wolf? Bevor wir den »Lupus« in der Bäckerstraße genauer unter die Lupe nehmen, begeben wir uns auf die Suche nach anderen Wolfsspuren in Wien.

Wie der Wolf nach Wien kam

Als der alarmierte Bischof Melchior Khlesl im Jahr 1597 konstatierte, »Geistliche, und selbst Prälaten würden zu Wien auf offener Gasse als Wölfe ausgeschrien (...)«,[150] hatte sich der Wolf schon seit langem eine fixe Rolle als Bösewicht im religionspolitischen Krieg der Bilder gesichert.

Seit der Antike – z.B. beim griechischen Dichter Äsop – über das Mittelalter hinweg, dort vor allem als »falsche Propheten im Schafspelz« eingesetzt (Vgl. Matthäus 7, 15), traten die Wölfe derart häufig in Erscheinung, dass eine kulturhistorische Genealogie der Wolfsmetapher an dieser Stelle überbordend wäre.

Der Wolf ist als Feindbild sehr früh im Polemik-Repertoire aller religiösen Parteien vorhanden. Er konnte hussitisch, lutherisch, katholisch, calvinistisch etc. sein. Ein gesichertes Copyright der einen oder anderen Seite auszumachen wäre hier noch weniger zielführend als im Falle des ebenso wechselseitig eingesetzten Basilisken. Man muss den Kontext der jeweiligen Propaganda dazu betrachten, um den Wolf in seiner Parteilichkeit zu verstehen.

Im Mittelalter war der »gierige Wolf« als Ysengrimus – oder Isegrim – bekannt. Er ist die Hauptfigur eines gleichnamigen Epos, geschrieben in der Mitte des 12. Jahrhunderts, wahrscheinlich in Gent. Darin predigt der Wolf unter anderem als Mönch unter dem Vorwand christlicher Selbstaufgabe, bereichert sich aber an weltlichen Gütern und wird schließlich bestraft.

Der Wolfsmönch Isegrim wirkt nach bis zu Jacob Grimm:

> Die eigenschaft der grauheit und des alters hat, wie mir scheint, in der thierfabel die eingreifende, zuerst vielleicht nicht in ihr gelegne wendung erzeugt, dass der wolf ins kloster geht, graurock, mönch wird, was für ganz neue lagen der erzählung treflich genutzt worden ist.[151]

Und allgemein charakterisiert Grimm den Wolf in der Fabel so:

> alt, grau, greis, alter gevatter, oheim, stark, ungeschlacht, dick, plump, beschränkt (einigemal dummehrlich), gierig, gefräßig, unersättlich, frech, schamlos, stolz, neidisch, grausam, wütig, räuber, mörder, ungetreu, alter, verstockter bösewicht, teufel, hahnrei, angeführt, besiegt.[152]

Es liegt nun nahe, die Wolfspolemik in Wien gegen den katholischen Klerus gerichtet zu verstehen – aber es gibt gewichtige Gegenargumente:

So dürfte der Wolf beispielsweise in dem nicht mehr erhaltenen Hauszeichen »Wo der Wolf den Gänsen predigt« in der Wallnerstraße 11 als papstfeindlicher »Ketzer« gemeint gewesen sein – im 15. Jahrhundert gegen die Hussitenbewegung[153] und im 16. Jahrhundert gegen lutherische Prediger im Landhaus in der Herrengasse gerichtet, in unmittelbarer Nähe zur Wallnerstraße.

Dieses Hauszeichen wird schon für das Jahr 1419 angenommen, »in der Walichstrazz, da der Wolf den Gänsen predigt«[154],

22 Hausschild »Wo der Wolf den Gänsen predigt«, ehemals Wallnerstraße 11, Aquarell nach dem Schild, 1. Hälfte 19. Jh.

mehr als hundert Jahre vor Lazius, der es 1546 »Ubi Lupus ad anseres concione habet« nennt. Die bildliche Überlieferung ist aber für die Forschung problematisch, da nur Abbildungen aus späterer Zeit Zeugnis davon ablegen: eine Radierung bzw. ein formgleiches Aquarell aus dem Anfang des 19. Jahrhunderts sind als älteste Wiedergaben des Hauszeichens bekannt (Abb. 22).

Nach dem Abriss und Neubau des Hauses im 19. Jahrhunderts wurde ein Relief mit Wolf und Gänsen angebracht, das heute im Depot des Historischen Museums der Stadt Wien aufbewahrt wird.

Die erhaltenen Abbildungen und das Relief sind, wie bereits angemerkt, eher als anti-protestantisch zu deuten, da sie den Wolf nicht stereotypisch als katholischen Geistlichen (Mönch mit Kutte), sondern nur mit Buch auf einer Kanzel zeigen. Dieser Minimalismus der Predigtsituation würde eher dem protestantischen »falschen Propheten« in Wolfsgestalt entsprechen. So wurde auch das Hauszeichen meist interpretiert.

Dem böhmischen »Ketzer« Jan Hus wurde vor seiner Hinrichtung im Jahr 1415 vorgeworfen, »wie ein Wolf im Schafspelz die Menschen« zu verführen.[155] In Wien wurde auch hussitisch gepredigt und seine Schriften wurden im nahen Schottenkloster nachweislich gelesen.[156]

Im Zuge der Melker Reform 1418[157], ein Jahr vor der ersten belegten Erwähnung des Hausschildes, wurde das »Personal« des Klosters ausgetauscht, angeblich aus Gründen des moralischen Verfalls (Trunksucht etc.). Oder war es der mittelalterliche Ysengrimus in hussitischer Gestalt, der aus dem Schottenkloster vertrieben werden musste, weil er »falsch« predigte, worauf das nahe Hauszeichen andeuten könnte? Waren einige Mönche »Ketzer« geworden? Die Besitzer*innen des Hauses in dem Zeitraum scheinen auf dem ersten Blick religionspolitisch unauffällig.[158]

Andererseits wurde Jan Hus in der Literatur auch mit der Gans identifiziert, denn Gans heißt auf tschechisch »Husa«, außerdem gab es Jan-Hus-Sympathisanten in der Bürgerschaft Wiens.

Back to Bäckerstraße

Die höchstwahrscheinlich anti-protestantische Propagandafunktion des Wolfes in der Wallnerstraße vor Augen, wäre auch der Wolf in der Bäckerstraße mit der Kuh am Brett als »protestantischer Wolf« zu deuten. Wir wissen allerdings nicht, wie der Wolf bei der Kuh am Brett im Jahr 1546 (Chronik von Lazius) ausgesehen hatte. War er im Stile des Wolfes in der Wallnerstraße, dann wäre die Botschaft als gegenreformatorisch zu deuten. War er vom Typus Mönchswolf, dann eher anti-katholisch. So oder so musste Lazius die Polemik ignorieren und nicht weiter ausführen, schrieb er doch wie viele andere landesfürstlich »beamtete« Autoren im Sinne eines Kalmierens der konfessionspolitischen Spannungen.

Demzufolge könnte der Wolf als Spielpartner der »dummen Kuh« tatsächlich die Protestanten dargestellt haben, wie Wilhelm Kisch im Jahr 1883, hier mit einem Fuchs anstatt einem Wolf, interpretiert:

So harmlos auch Wort und Bildnis zu sein schienen, so waren sie es doch keinesfalls, denn die es war die ganze ätzende Lauge der Persiflage über die ränkesüchtigen Protestanten ausgegossen, die nur unter dem Vorwande der Religion nach Stellen und Einkünften haschten, die mit einem Auge zum Himmel emporsahen und mit dem andern nach fremder Habe schielten, die die eine Hand auf's Herz legten und mit der andern in die Tasche des Nachbars griffen, überhaupt auf die unverschämteste Weise Intriguen und Ränke schmiedeten. Frühzeitig schon erkannten die Wiener (denen es nie an gesundem Menschenverstand und heiterer Laune fehlte) dies unwürdige Treiben und züchtigten es gehörig durch derbe Spottlieder im Geschmacke jener Zeit.[159]

Kisch bezieht sich dabei auf einen Spruchvers. Wo dieser Spruchvers zu sehen sei und wer ihn wann mit diesem Hauszeichen verband, hat sich zum momentanen Forschungstand nicht erschlossen.

Der Fuchs spricht zur Kuh:
»Ich wirf darein,
Dein Haut ghert mein.«
Die Kuh zum Fuchsen:
»Pral nicht so gschwind in Spielen!
Dein Unglueck kannst bald fuehlen.«

Der Kürschner mit dem Fuchsschweif die Muecken von den zweihen den Tisch erleuchtenden Lichter abwehrend:

»Ich wehr, und leucht, erwart die Zeit;
Wie sich enden Euer Streit.«
Der Jäger den Fuchs durchbohrend:
»Ich komm just recht zum Spiel!«
Der Hund des Jägers:
»Ich auch mich stellen will.«[160]

Einen jener Spruchverse des XVII. Jahrhunderts haben wir nun vor uns. Die Kuh, welche das gefährliche Spiel mit dem Fuchse spielt, personificirt die »Katholiken«, der Fuchs die listigen »Protestanten«, die Fliege schien die »Geistlichkeit« zu bedeuten, die wohl zu lehren und abzuwehren bemüht ist, aber leider nichts über die Leidenschaften der streitenden Theile vermag, als abzuwarten, wie sich wohl das Spiel zum Vortheile des einen oder anderen gestalten werde. Unter der Gestalt des Jägers und der Kürschner sind die gewissenlosen »Rathsherren« und »Advocaten« verstanden, die den Streit beider benützen, um ihren eigenen Vortheil bei dieser Gelegenheit bestens herauszuschlagen.[161]

Man erkennt den langen Arm der Gegenreformation, auf dem Wilhelm Kisch mit dieser gehässigen Tirade gegen die Protestanten noch im Jahr 1883 sitzt, womöglich angestachelt durch die deutschnationale und antikatholische Bewegung, die um die Jahrhundertwende um 1900 als »Los von Rom«-Bewegung tausende Austritte aus der katholischen und Eintritte in die evangelische Kirche nach sich ziehen würde.

Es war wiederum Jacob Grimm, der vermutlich zur Identifikation eines Fuchses statt eines Wolfes in der Bäckerstraße bei Kisch beigetragen hatte:

Alle eigenschaften zusammengefasst erscheint der fuchs in der thierfabel: roth, frisch, jung, junger gevatter, neffe, schlank, glatt, schwach, fein, schlau, durchtrieben, listig, ränkevoll, schleicher, schmeichler, schalk, betrieger, dieb, böse, boshaft, treulos, gottlos, teuflisch, lecker, geil, taugenichts, ehbrecher, verschlagen, vorsichtig, erfahren, beredt, rathgeber, meister, sieger.[162]

Der Fuchs eignete sich mehr für die Verunglimpfung der potenziell aufrührerischen, auf Veränderung drängende Reformation als der alte Wolf. Er ist ein Tier des Protests.

Laut der päpstlichen Bulle gegen Martin Luther aus dem Jahr 1520 sind mit der Reformation »Füchse aufgestanden, die sich unterwinden, deinen Weinberg zu verwüsten.«[163]

Von den anderen erwähnten Protagonisten sind in dem Freskofragment nur der untere Teil des »Kürschners« samt Wedel und die Fliege zu sehen, die offensichtlich das Abblättern der Fresko-Malschicht des Wedels überlebt hatte oder nachgemalt wurde.

Der Wedel könnte der Funktion nach einem Flabellum, einem meist aus Pfauenfedern bestückten Wedel zur Abwehr der Fliegen während der Heiligen Messe entsprechen.

Kisch erwähnt einen vermeintlichen Fuchsschweif, der Wedel im Fresko sieht aber eher wie ein herkömmlicher Besen aus und wäre demnach eine Art Aspergillum – ein altertümlicher Weihwasserwedel. Dazu würde der untere Rand eines Weihwasserkessels (?) passen, der in der anderen Hand des »Kürschners« auszumachen wäre. Es gibt zum genannten Fuchsschweif eine Assoziation aus der Reformationspolemik: Auf dem Titel einer satirischen Denkschrift *Ratschlag von der|Kirchen, eins ausschus etlicher|Cardinel, Bapst Paulo des namens dem|dritten, auff seinen befelh geschrieben|vnd vberantwortet.|Mit einer vorrede D. Mart. Luth.* (1538) sieht man Kardinäle, die mit Fuchsschwänzen eine Kirche ausfegen. »Fuchsschwänze standen für Schmeichelei und Betrug, (…).«[164] Auch Grimm erwähnt die Entsprechung der »fuchsschwänzer soviel als schmeichler.«[165]

Und welche Rollen spielen dann die Fliege, die nicht mehr sichtbaren Jäger und Hund? Wir würden spontan sagen: Die Fliege stört die Kuh. Der Mann verscheucht sie. Der Text des Spruchbandes oberhalb des Kopfes der Kuh ist nur fragmentarisch erhalten und kaum zu entziffern. Eine Assoziation der Fliege als »teuflisches Tier« bietet sich an.

Das Haus und ihre Besitzer*innen

Bei Kisch werden Kürschner und Jäger als »Advokaten« und »Ratsherren« gedeutet, was uns zu den Hausbesitzer*innen führt.

Anders als beim Basiliskenhaus kann man diese zur möglichen Entstehungszeit des Hauszeichens (1520er- bis 1540er-Jahre) namentlich feststellen.[166]

1. Roman Staudinger: Er war Bürgermeister zur Zeit der Erstellung der Wiener Stadtordnung von 1526 und anschließend im Inneren Rat der Stadt. Staudinger erbte das Haus von seiner Frau Katharina und verkaufte es im Jahr 1531 weiter. Kaum vorstellbar, dass sich ein herrschaftstreuer Bürgermeister das Haus mit einer lutherischen Metapher der »Kuh am Brett« kennzeichnen ließ, es sei denn, als Polemik gegen einen »evangelischen Wolf.«
2. Anna und Andre Herzog bis 1541.
3. Philipp Peytl bis 1566. Er war »Gegenschreiber des Dreissiger zu Odenburg«,[167] daher ein Steuerbeamter. Während seiner Zeit nennt Lazius das Haus mit dem Namen »Ubi lupus com vacca ludit«. Ödenburg (heute Sopron) war stark lutherisch beeinflusst und mit Wien im Austausch. Allerdings stellt sich auch hier die Frage, ob ein Amtsinhaber mit dieser Funktion hinter der lutherischen Polemik stehen konnte. Warum nicht, wenn sich sogar der Adel in Wien Luther verschrieben hat? Aber wenn der Wolf die Evangelischen darstellt?

Als Ratsherren unter den Hausbesitzern sind in der zweiten Hälfte des 16. Jahrhunderts Hieronymus an der Aw und später Georg Federl (Äußerer Rat), beide noch möglicherweise evangelisch, und in der Mitte des 17. Jahrhunderts Daniel Lazarus Springer (Innerer Rat, auch Bürgermeister) auszumachen. Unter Springer dürfte das Wandbild entstanden sein, meint Harrer-Lucienfeld.[168] Könnte Springer seine womöglich evangelischen Vorgänger-Ratsherren oder Hausbesitzer*innen damit im Spott verewigt haben?

»Aufgrund des massiven Drucks wanderten allein in den Jahren 1625 bis 1629 (...) aus Wien nachweislich mindestens 150 lutherische Hausbesitzer ab (...).«[169]

Es dürfte die katholische »Kuh beim Brettspiel« erst als evangelische Metapher, allerdings bereits mit dem wahrscheinlich »protestantischen« Wolf, in den 1520er- bis 1540er-Jahren als Wandbild oder anfänglich noch als Figurengruppe angebracht worden sein. Durch die räumliche Nähe dürfte es sich um einen satirischen Kommentar auf die Universität gehandelt haben, wo konfessionelle Konflikte ausgefochten wurden.

Vielleicht war das Hauszeichen tatsächlich von Anfang an aus »dritter« Perspektive gemeint und stellte bereits im 16. Jahrhundert eine Kritik an der Spaltung der Wiener Gesellschaft oder an der polarisierten Belegschaft der theologischen Fakultät dar.

Hundert Jahre später könnte das Hauszeichen als Fresko erneuert und um weitere Figuren erweitert worden sein. Das neue Bildprogramm habe so nach Vertreibung, Konversion oder In-den-Untergrund-Drängen der Wiener Protestanten im 17. Jahrhundert die vorhergehende Polarisierung entschärfen können, da sie mit weiteren Positionen (Advokaten, Ratsherren) verkompliziert wurde. Damit wurde die besser gestellte »weise« Außensicht auf das närrische Treiben der Konfessionskonflikte etabliert und die einstigen religionspolitischen Anliegen lächerlich gemacht. Wenn das Wandbild eine scheinbar neutrale Position einnimmt, nimmt es die Position des gegenreformatorischen Siegers ein, dessen Deutungshoheit von Wilhelm Kisch noch Ende des 19. Jahrhunderts übernommen wurde.

Die Rache der Hasen – Exkurs in die Kärntner Straße

Als Salomon Kleiner im 18. Jahrhundert die Fassade des Hasenhauses in der Kärntner Straße – es würde heute am Standort der Hausnummern 8 und 10 stehen – kurz vor seinem Abriss dokumentierte (Abb. 23), dürfte das Bildprogramm darauf schon ein rätselhaftes Kuriosum gewesen sein, dessen ursprüngliche

Bedeutung vergessen war: Darauf sind Hasen zu sehen, die Menschen bzw. Raubtiere jagen und festlich verspeisen.

Es wurde Anfang des 16. Jahrhunderts auch Waldnerhaus bzw. Haspelhaus genannt, fungierte als Gästehaus und für verschiedene Ämter. Das Hasenhaus stand in nächster Nähe zum Stock im Eisen und wurde im 18. Jahrhundert abgerissen.

Die erste Wandbemalung des Hauses ab dem Jahr 1509 wurde von Maximilian I. beauftragt, um die Erinnerung an den in Ungnade gefallenen Vorbesitzer und Kanzler Johann Waldner damit vergessen zu machen – in Maximilians höchstpersönlicher Anweisung werden als Beute der Hasen nur andere Tiere genannt, aber noch keine Menschen.[170] Für die zweite – und bildlich überlieferte – Version, die nach dem Brand 1525 entstanden ist, war es wohl kaum der Hausherr bis zum Jahr 1527, Hofvizekanzler Leonhard von Harrach, sondern die Nachbesitzer, die den Hasenreigen in einen religionspolitischen Kommentar verwandelten – nicht zu schwer lässt sich aus der Bilderfolge die Satire auf einen Herrscher, verklausuliert als »Hasenkönig«, herauslesen. Um von einer möglichen Deutung der Malereien als Kritik an einen habsburgischen Landesfürsten (Ferdinand I.) abzulenken, hat sich später auch die Mär eingebürgert, dass in diesem Haus einst der ungarische König Matthias Corvinus bis zu seinem Tod residiert hätte, was im 19. Jahrhundert dekonstruiert wurde.[171] Man erahnt spanische Hofkleidung bei dem Hasenkönig[172], was auf den Spanier Ferdinand hinweisen könnte. Ein Detail zeigt eine Hinrichtung zweier Männer durch Hasen-Henker auf einem öffentlichen Platz – eine Erinnerung an das Wiener Neustädter Blutgericht von 1522, als zwei Vertreter des Herrenstandes, Michael von Eitzing und Hans von Puchheim, als Auftakt enthauptet wurden? Sechs Wiener Bürger folgten ihnen am Tag darauf in den Tod.[173]

Kein prominentes Fassadenbild mit Inhalten dieser Art war nur zur Belustigung gedacht, vor allem nicht im 16. Jahrhundert.

Die umgedrehte Hasenjagd am Hasenhaus nach dem Jahr 1525 dürfte von einem Bericht von Martin Luther inspiriert gewesen sein. Luther interpretierte ein traumatisches Jagderlebnis,

23 Das Hasenhaus in der Kärntnerstraße, Aquarell von Salomon Kleiner, 1749

24 Das Hasenhaus in der Kärntnerstraße, Aquarell von Salomon Kleiner, 1749, Detail mit jagenden Hasen

als er einen Hasen vergeblich vor den Jagdhunden unter seiner Tunika schützen wollte, als Gleichnis für die Seele als Opfer des jagdlustigen Papsts und Satans. Das war womöglich eine Antwort auf die gegen ihn gerichtete Bulle aus dem Jahr 1520, die in einer reichen Tiermetaphorik dem Reformator die mörderische Jägerrolle zugeschrieben hatte.

Die Hasen wurden somit zur Metapher für die christliche Seele, und Jesus Christus zum rächenden Jäger.[174] Daher werden nicht nur die Raubtiere, die auf der Fassade zu sehen sind, von den Hasen (u.a. in Mönchskutte) gejagt (Bären, Eber, Füchse etc.), sondern auch die Menschen (Abb. 24). In Leserichtung entrollt sich der Rachefeldzug der Hasen auf der Fassade.

Weder Basilisken, Kühe, Wölfe noch Hasen waren Ausgeburten einer heiteren Wiener Volksphantasie zur bloßen Kennzeichnung von Häusern, sondern als religionspolitische Propaganda im 16. und 17. Jahrhundert öffentlich angebracht.

Hans Puchsbaum

Am Weg von der Bäckerstraße 12 (Kuh am Brett) zum Stephansplatz kommt man in der Strobelgasse am ehemaligen Standort des Gasthauses Zum Strobelkopf vorbei, wo sich in den Jahren 1814/15 während des Wiener Kongresses die sogenannte Wollzeiler-Gesellschaft versammelte. Wie in der Einführung kurz skizziert, erarbeitete dort Jacob Grimm während seines Aufenthalts in Wien österreichisches Sagengut für deutsche Sagensammlungen, die einen Beitrag zur Bildung einer gesamtdeutschen kulturellen Identität völkischen Zuschnitts leisten sollten. Ein »deutsches Volk« und somit ein dementsprechendes politisches Konzept wurde allerdings bald nach dem Wiener Kongress von kontrastierenden und sich bekämpfenden Ideologien beansprucht, was womöglich auf eine prominente Sage rund um den Stephansdom abgefärbt haben dürfte – Hans Puchsbaum[175] und der Bau des Nordturms.

Hans Puchsbaum – Die Fundamente der Sage

Von der Strobelgasse und Schulerstraße am Stephansplatz ankommend, wirkt der Nordturm damals wie heute fast bedrohlich (Abb. 25) und von dieser rückseitigen Perspektive her sogar noch wuchtiger als der nur teilweise sichtbare Südturm hinter dem Langhaus.

Um den unfertigen Bau rankt sich eine Sage, die in einer bekannten Variante in Kurzform so lautet:

Hans Puchsbaum, Baumeister des Nordturms von St. Stephan in Wien, geht einen Pakt mit dem Teufel ein, um den Turm mit dessen Hilfe in kurzer Zeit fertig bauen zu können. Puchsbaum

25 Der Stephansdom in Wien, Jakob Alt, 1850

verspricht dafür, den Namen »Maria« nicht auszusprechen. Hans Puchsbaum steht schließlich auf dem halb fertigen Turm und sieht seine Frau Maria am Fuß des Domes vorbeigehen. Als er sie mit ihrem Namen ruft, um ihr stolz den Baufortschritt zu zeigen, bricht er den Pakt mit dem Teufel und wird hinuntergestürzt. Der unvollendete Nordturm erinnert seither an das Unglück.

Dazu Historisches:

Hans Puchsbaum war tatsächlich Baumeister zu St. Stephan, aber bereits tot, als der Nordturm gebaut wurde – ab der zweiten Hälfte des 15. Jahrhunderts. Verschiedene prosaische Gründe – Reformation, Türkenkrieg, Geldmangel – werden meist für den Baustopp in den 1520er-Jahren angegeben. Wenigstens die halbe Höhe (68 m) des südlichen Pendant-Turmes (136 m) wurde ein halbes Jahrhundert später durch die Brüder Saphoy mit einem darauf gesetzten Abschluss erreicht.

Der menschliche Rivale wird zum Teufel – die zwei Varianten des Hans Puchsbaum

Ohne Teufel

Bevor der Teufel im 19. Jahrhundert in die Sage trat, begründete man die Nichtfertigstellung des Nordturms inoffiziell mit einer mörderischen Konkurrenzgeschichte – der zufolge ein Rivale dem Baumeister aus Missgunst brüchige Kletterbalken gelegt hätte, damit dieser beim Erklimmen des Turmes durchbrechen und abstürzen würde.

Da ein weiterer bekannter Baumeister, Anton Pilgram, Anfang des 16. Jahrhunderts in einen historisch gut dokumentierten Hüttenstreit (1511/12) der Stadt Wien mit der Dombauhütte involviert gewesen war, wurde er vermutlich als der »böse« – anachronistisch ältere – Meister seines Gesellen Hans Puchsbaum in die Sage hineingewoben. Vielleicht war der historisch verbriefte Machtkampf um den Dombau die Grundlage für die Erzählung.

Die Rivalität zwischen Baumeistern samt Mord durch Hinunterstürzen war allerdings ein verbreiteter kulturgeschichtlicher Topos – sehr wahrscheinlich stand die Episode des Daedalus und Perdix aus den *Metamorphosen*[176] des Ovid dafür Pate. Der Kunsthandwerker Daedalus – berühmt durch seinen später unglücklichen Flug zu nahe an die Sonne – hatte einen überaus begabten Lehrjungen, Perdix.

»Daedalus wurde neidisch, stürzte ihn kopfüber von Minervas heiliger Burg hinab und gab vor, er sei ausgeglitten.«[177]

Es wurde der Sage um die Baumeister von St. Stephan im frühen 18. Jahrhundert attestiert, dass sie eine »von allen Vernünftigeren Außlachens-würdige alte Weiber Fabel seye.«[178] Die *Metamorphosen* waren bereits im Mittelalter bekannt und dürften mit dem Buchdruck stark auf die Sagenwelt der Frühen Neuzeit Einfluss genommen haben, ohne zu offensichtlich als Inspiration genannt worden zu sein.

Die Besprechung der Sage in Josef von Hormayrs *Wien, seine Geschicke und Denkwürdigkeiten* (1824) bezieht sich auf das vorgenannte Urteil als »Weiber-Fabel« und erwähnt ähnliche Sagen zu Mord und Totschlag unter Dombaumeistern in Frankreich und Böhmen.[179] Sie wird in der Art noch in den *Volkssagen, Mährchen und Legenden des Kaiserstaates Österreich* mit dem Sagentitel *Der vom Münster gestürzte Lehrling* von Ludwig Bechstein (1841) und *Geschichten, Sagen und Merkwürdigkeiten aus Wien's Vorzeit und Gegenwart.* von Realis (1841) weiter tradiert. Realis bezieht sich fast wortwörtlich auf Hormayr (1824).

Später wird diese Variante der rein zwischenmenschlichen Rivalität zusätzlich zur Teufelsvariante erwähnt (z.B. Bermann 1865 und 1878).

Mit Teufel

Der Topos des vom Turm-Stürzens im Beisein des Teufels hat in einer der Versuchungen Jesu (Matthäus 4, Lutherbibel 2017) ein prominentes Vorbild, was wiederum vermutlich Ovids Daedalus-Perdix-Episode zur ikonografischen Grundlage hatte:

> Da führte ihn der Teufel mit sich in die heilige Stadt und stellte ihn auf die Zinne des Tempels und sprach zu ihm: Bist du Gottes Sohn, so wirf dich hinab; denn es steht geschrieben (Psalm 91, 11-12): »Er wird seinen Engeln für dich Befehl geben; und sie werden dich auf den Händen tragen, damit du deinen Fuß nicht an einen Stein stößt.«

Da sprach Jesus zu ihm: Wiederum steht auch geschrieben (5. Mose 6, 16): »Du sollst den Herrn, deinen Gott, nicht versuchen.«

In der Variante der Volkssage *Der Thurmbau zu St. Stephan* (1820)[180] geht der Geselle »Johannes Buchsbaum« bereits unwissentlich einen Pakt mit dem Teufel als konkurrierenden Baumeister ein, wird dafür büßen und vom Turm stürzen.

Franz Emil Trimmel lässt in *Romantisch-historische Skizzen aus Oesterreichs Vorwelt.* (1837) in der Sage *Buchsbaums Fall* einen mörderischen Alt-Gesellen mit Hahnenfeder und rotem Mantel »doch um vieles größer als gewöhnlich«[181] auftreten, der dann verschwindet. In der psychologisch und erzählerisch sehr detailliert ausgestalteten Novelle *Die Baumeister des Stephansthurmes. Nachtstück nach einer Österreichischen Volkssage* (1838)[182] von Hermann Meynert verbinden sich Missgunst und Teufelspakt mit Wiedererkennungs-Motiven – der Geselle Puchsbaum war hier der nie gekannte Sohn des Meisters Pilgram mit seiner verlorenen und wieder aufgetauchten Liebe.

Ein prägnantes Beispiel bietet die Fassung von Johann Nepomuk Vogl in den *Dom-Sagen* (1845), wo der Teufel als eleganter Junker auftritt. Auf diese Fassung wird weiter unten aus spezifischen Gründen fokussiert.

Im *Österreichischen Sagenbuch* von J. Gebhart (1862) in *Puchsbaums Fall* ist es ein »altes Männlein«, das nach dem Pakt und dem Sturz Puchsbaums als »rote Gestalt« erscheint und wieder verschwindet.

Bermann gibt beide Varianten an, einerseits die mit dem »Bösen, der damals in Wien und der Welt noch in menschlicher Gestalt herumwandeln sollte, wie man meinte« (1865) bzw. »dem bösen Feind« (1878) und andererseits die Variante mit einem mörderisch-neidischen Baumeister.[183]

In einer neueren Fassung heißt es ehrlich:

»›Wer ich bin‹, entgegnete der Fremde, ›ist rasch gesagt. Man nennt mich den Höllenfürsten, andere heißen mich den Teufel, und was ich will, soll dir von Nutzen sein; ich will dir helfen.‹«[184]

Heute erzählt und liest man meist diese Teufelsvariante. Die zwischenmenschliche Konkurrenzvariante ist eher in den Hintergrund geraten.

Der Teufel war demnach um das Jahr 1800, entsprechend der vom Unheimlichen faszinierten Romantik, zu den rivalisierenden Baumeistern in die Sage um Hans Puchsbaum getreten.

Dom-Sagen von J. N. Vogl

Im Folgenden wird *Meister Hans Puchsbaum* von Johann Nepomuk Vogl in den Fokus genommen. Die Sage nimmt einen zentralen Platz in seinen *Dom-Sagen* (Wien 1845) ein, nicht nur wegen des Titelbildes des Gedichtbandes mit dem Motiv des stürzenden Puchsbaum, sondern auch, ex post betrachtet, wegen der im Vergleich zu den anderen Sagen deutlich höheren Popularität der Sage. Wahrscheinlich lag auch dem Autor selbst die Puchsbaum-Sage sehr am Herzen, wurde ihm doch später allgemein attestiert:

»Das geheimnißvoll Düstere und Unheimliche übte überhaupt auf Vogl eine unwiderstehliche Anziehungskraft aus (…).«[185]

Dieses Laster wurde ihm aber auch noch zu Lebzeiten vorgeworfen:

»Der Autor liebt das Schreckliche zu sehr, er malt Situationen, welche abschreckend sind, und die man gern überschlägt, zu sehr und mit zu grellen Farben aus.«[186]

Hier in vollständiger Fassung[187]:

1. Der Stephansthurm ist ausgebaut,
Weit über alles Land er schaut:
Herr Brachawitz hat dieß vollbracht,
Der selbst nun ruht in Grabesnacht.

2. Wohl einen kunsterfahrnen Mann
Berief der Wiener Rath sodann,
Hans Puchsbaum ist des Meisters Nam'
Der jetzt zur Hand das Richtscheid nahm.

3. Und wie der Thurm ist hingestellt
Soll sein ein zweiter ihm gesellt,
An Pracht und Schönheit diesem gleich,
Der nun der Stolz von Oesterreich.

4. Schon reget sich der Söldner Fleiß,
Schon wird des Werkmanns Stirne heiß,
Doch langsam nur der Bau gedeiht
Es ist als sei das Werk gefeit.

5. Wie auch voll Eifer fort und fort
Der Puchsbaum schafft am Thurme dort,
Viel eher scheint's, er schrumpfe ein,
Als daß erhöh' sich sein Gestein.

6. Da auf dem Stephansfreithof spät
Im Sinnen Meister Puchsbaum steht
Vor ihm, so riesig stolz und groß
Des todten Meisters Prachtkoloß.

7. Mit Tiegerkrallen greift der Schmerz
Dem Meister da in's stolze Herz,
»Und sollt ich keinen Thurm erbau'n
Der so, wie dieser wär' zu schau'n?«

8. »Wie, sollte ich nur Spott und Hohn
Erringen als des Strebens Lohn,
Umsonst vergeuden Müh und Plag'
Um all das Sinnen, das ich pflag?«

9. »In Schanden vor Maria steh'n
Vor meiner Braut zu Boden seh'n.
Weil mir das Größte nicht gelang
Nach dem mein Herz so glühend rang?«

10. »Nein, nein und hilft dein Engel nicht
Du Ew'ger über'm Sternenlicht,
So stehe mir die Hölle bei,
Damit mein Werk vollendet sei!«

11. Und kaum der Puchsbaum also ruft,
Da wetterleuchtet's in der Luft,
Und ihm zur Seite steht ein Mann
Nach Art der Junker angethan.

12. Ein schwarz Kollet, ein bleich Gesicht
Darum ein rother Bart sich flicht,
Vom Hut die Hahnenfeder nickt,
Der Mantel reich und goldgestickt.

13. Der spricht: ›Was schmält und haust Ihr da,
Ist Euch ja doch die Hilfe nah,
Noch schöner als des Alten Bau
Soll ragen Euer Thurm in's Blau.«

14. »Nur Eins beding' ich nach Gebühr,
Daß Ihr auf Eurem Bau hinfür
Niemals der Frauen Namen nennt,
Die als gebenedeit Ihr wähnt.«

15. »Wohlan so sei's!«– »So schlaget ein,
Ich will ein treuer Helfer sein.«
Doch als der Meister reicht die Hand,
Da wimmert's um die Friedhofswand,

16. Da kreischt's aus schwarzer Nacht herab,
Da stöhnt es tief in jedem Grab,
D'rein aber dröhnt mit einemmal
Vom Thurm ein langer dumpfer Schall.

17. Dem Meister tief im Innern graut,
Doch wie er nach dem Fremden schaut,
Ist der verschwunden, wie ein Traum,
Und leer und still der Friedhofsraum. –

18. Und wieder wird's im Osten hell
Der Meister Puchsbaum ist zur Stell',
Doch wie er Maß und Senkblei lenkt
Dabei er nur des Helfers denkt.

19. Nicht horcht er auf der Frommen Sang,
Der aus der Kirche Hallen drang,
Noch sah man so wie früher ihn
Beim Sanktusläuten niederknie'n.

20. Und wirklich wie durch Zauberhand
Erhebt sich Bogen bald und Wand,
Daß Manche mit geheimen Grau'n,
Auf das Gedeih'n des Thurmes schau'n.

21. Doch Puchsbaum nur den Helfer preist
Der sich so rüstig ihm erweis't,
Und sieht im Geiste schon den Thurm
Aufragen zwischen Wolk' und Sturm.

22. So eines Sonntagsmorgens steht
Von frischer Maienluft umweht
Auf dem Gerüst der Meister jung
Deß Lob nun schallt von jeder Zung'.

23. Und glüh'nden Blickes schaut und mißt
Er Höh' und Breite vom Gerüst,
Und schon vor seinem Geist erhöht
Am Thurm der Wind die Fahne bläht.

24. Horch auf was ist's, das also schallt?
Wie's unter ihm nur wogt und wallt!
Zum Hochamt ruft's die Clerisei
Vom neuen Thurme just herbei.

25. Und wider Willen niederschaut
Der Puchsbaum bei der Glocken Laut,
Und sieh', da kommt in weißem Kleid
Des Wegs heran auch eine Maid.

26. Den Rosenkranz in zarter Hand,
Im schwarzen Haar ein grünes Band,
Das ist sein Lieb', er täuscht sich nicht,
Ein Engelsbild im Morgenlicht.

27. Und froh erschrecket ruft sein Mund:
»Maria!« – Weh! da weicht der Grund
Ihm unter'm Fuß und sturmumbraust
Gerüst und Stein hinuntersaus't.

28. Mitreißt's in tosend wilder Flucht
Den Frevler, der den Herrn versucht,
Allein im Fall noch wird gewahr
Den Bösen er, der Helfer war.

29. Denn dicht gehüllt im Mantel sein
Schaut der mit Grinsen vom Gestein,
Und eh' der Puchsbaum noch zerschellt
Sein Lachen in das Ohr ihm gällt.

30. Seitdem nun, wie man's noch erschaut,
Ward weiter nicht am Thurm gebaut
Zur Warnung, daß so nah als fern
Kein Menschenkind versuch' den Herrn.[188]

Vergleicht man die Beschreibung des Teufels bei Vogl (Strophen 11 und 12) mit der Selbstvorstellung des Mephistopheles in Johann Wolfgang von Goethes *Faust I*, dann erklärt sich der Einfluss des großen Vorbildes:

Goethe:

»Bin ich, als edler Junker, hier,
In rothem goldverbrämtem Kleide,
Das Mäntelchen von starrer Seide,
Die Hahnenfeder auf dem Hut, (...)«[189]

Vogl:

11. Und kaum der Puchsbaum also ruft,
Da wetterleuchtet's in der Luft,
Und ihm zur Seite steht ein Mann
Nach Art der Junker angethan.

12. Ein schwarz Kollet, ein bleich Gesicht
Darum ein rother Bart sich flicht,
Vom Hut die Hahnenfeder nickt,
Der Mantel reich und goldgestickt.

Der Goethesche Mephistopheles war in der ersten Hälfte des 19. Jahrhunderts Vorbild für zahlreiche literarische Teufelserscheinungen, auch in der Oper, z.B. für den schwarzen Jäger Samiel im *Freischütz* (Carl Maria von Weber, 1821) oder den Bertram im *Robert le Diable* (Giacomo Meyerbeer, 1831).

Zwei Beispiele für das unmittelbare »Weiterleben« des Mephistopheles nach dem Tod von Goethe (1832) finden sich in Carl Herloßsohns *Mephistopheles, Ein politisch-satyrisches Taschenbuch auf das Jahr 1833* (geschrieben 1832) und in Nikolaus Lenaus *Faust. Ein Gedicht* (um 1835, hg. 1858). Bei Herloßsohn tritt die Goethesche Teufelsfigur als ein böser Verführer, Opportunist und Helfer der restaurativen Tendenzen auf.

Ähnlich bei Lenau, wo der Mephistopheles einem Minister in erschreckend zeitloser Manier rät:

Ihr Herrscher über Volk und Land,
Das ist der Klugheit rechter Stand:
Verkümmert stets, doch nie zu scharf,
Dem Volk den sinnlichen Bedarf,
Und lenket so all sein Begehren
Nach dem, was Ihr ihm könnt gewähren.
So wird es, nach dem Nächsten greifend,
Niemals weitsichtig, überschweifend,
Nach dem gelüsten frechverwegen,
Was nicht in Eurer Macht gelegen.
Das Volk sich gerne selbst belügt,
Es ist am Ende hochzufrieden,
Und unterthäniglich vergnügt,
Wenn ihm des Zwingherrn Huld beschieden,
Was ohne ihn und seine Kette
Das dumme Volk von selber hätte.[190]

Mephistopheles ist bei Lenau der absolute Sieger über den verzweifelten Faust, der sich zum Schluss das Leben nimmt.

Zurück zu Puchsbaum – in Bäuerles *Der Thurmbau zu St. Stephan* (1820)[191] unterzeichnet »Johannes Buchsbaum« einen Vertrag mit dem Teufel mit Blut, wie Goethes Faust mit Mephistopheles. Der Autor, vermutlich der Zeitungsinhaber Adolf Bäuerle selbst, hatte bereits zuvor den Faust-Stoff in einer Komödie »verwertet« – *Doctor Faust's Mantel. Ein Zauberspiel mit Gesang in zwey Acten* (Wien 1817). Dazu gesellten sich in der zweiten Hälfte des Jahrhunderts auch in Wien Sagen mit dem Doctor Faust.

Diese Beispiele der Weiterverarbeitung des Fauststoffes können nur einen kleinen Ausschnitt darstellen und erheben keinen Anspruch auf Vollständigkeit!

Die Moral von der Geschichte von Hans Puchsbaum ist der bestrafte Hochmut und – der Sieg des Teufels.

Wie Satan gestürzt werden musste, weil er gegen die Herrschaft Gottes aufbegehrte, so musste Puchsbaum fallen, weil er es wagte, den Nordturm mit des Teufels Hilfe dem durch einmalige göttliche Erlaubnis aufgerichteten Südturm in der Höhe anzugleichen.

Was der Turm bei Puchsbaum, ist das zauberhafte Schloss des Schlosserbuben am Stock im Eisen. Beide werden dafür abgestraft. Die Stock-im-Eisen-Sage mit der Hybris des Schlosserbuben verdrehte aber um 180 Grad die Essenz des primären Narrativs des Wahrzeichens – die Hybris des Herrschers (Nebukadnezars Traum vom Baum). Beide, der Baum und der Turm, sind durch den Topos des zum Himmel wachsenden Größenwahns dem biblischen Turmbau zu Babel (Genesis 11) verwandt.

Eine Verbindung zwischen dem Turmbau zu Babel und dem Stephansdom hatte wiederum Goethe a priori vorbereitet, wenn er für die »deutsche Baukunst« in dem gleichnamigen Text den »Babelgedanken« erwähnt und sogar wertschätzt. Goethe widmet *Von deutscher Baukunst* (1773) dem mittelalterlichen Baumeister des Straßburger Domes, Erwin von Steinbach:

»Wenigen ward es gegeben, einen Babelgedanken in der Seele zu zeugen, ganz, groß, und bis in den kleinsten Theil nothwendig schön, wie Bäume Gottes; (…).«[192]

Erwin von Steinbach würde nicht, wenn man ihn mit Puchsbaum in Wien vergleichen will, fallen:

> Und von der Stufe, auf welche Erwin gestiegen ist, wird ihn keiner herabstoßen. Hier steht sein Werk, tretet hin und erkennt das tiefste Gefühl von Wahrheit und Schönheit der Verhältnisse, würkend aus starker, rauher, deutscher Seele, auf dem eingeschränkten düstern Pfaffenschauplatz des medii aevi.[193]

Vieles an dem mehrdeutigen Goethe wurde je nach Bedarf ideologisiert – so hat sein Gotikbegriff, exemplifiziert an einem umkämpften Übergangsbereich zur französischen Kultur (Straßburg), auch zur Suche nach einer »starken, rauhen, deutschen Seele« im »einschränkten, düsternen« Schauplatz im Deutschen Bund des Vormärz[194] beitragen können. Die Gotik wurde im 19. Jahrhundert im Unterschied zur romanischen Renaissance und Barock als der »deutsche Baustil« verstanden.

In Wien musste aber der »Babelgedanke« in Vogls *Georg Hauser. Der erste Bauherr des Stephansthurme in Wien* (in Realis 1841 und Vogls *Dom-Sagen* 1845) sanktioniert werden. Darin wird der erste und höhere Südturm zwar beinahe fertiggestellt, aber der Baumeister Georg Hauser muss seinen Ehrgeiz und seine Ruhmessucht vorzeitig mit Siechtum bezahlen:

> O Herr, ich weiß, wie du gewollt,
> Doch that ich nimmer wie ich sollt',
> Verblendet von des Ruhmes Trug
> Mein Herz voll eitler Selbstsucht schlug,
> Du aber wolltest, daß allein
> Voll Demuth sollt' dein Bauherr sein,
> Weil jedes And're ist verkehrt,
> Den Meister und sein Werk entehrt.[195]

Konfessionelle Züge der Sage

Bei J. N. Vogl sollte erst der Nachfolger Hausers, der besonders fromme Brachawitz, den Südturm fertigstellen, in der Sage *Wind und Regen*.[196] Brachawitz kann hier im Gegensatz zum späteren Puchsbaum das »Böse« noch im Beistand eines Priesters mit einem Venerabile in der Hand – der konsekrierten Hostie in einer Monstranz – abwehren und so den Bau vollenden. Mit diesem genuin katholischen Merkmal (Venerabile, das »Hochwürdige«), ähnlich der Anrufung der Maria im Meister Hans Puchsbaum, verkocht der Dichter wiedererkennbar konfessionelle Zutaten.

Zur Erinnerung an das Kapitel zum Stock im Eisen sei hier der Jesuitenpater Georg Scherer in seiner aufhetzenden Exorzismusschrift im Jahr 1584 wieder zitiert, wo er meint, der Satan sei »Feind und Lästerer Christi, seiner werten Mutter, aller Heiligen, der hochwürdigen Sakramente, der christlichen Zeremonien, der Priesterschaft und aller rechtgläubigen Christen.«[197]

In der frühen Teufelsvariante der Sage (1820) von Adolf Bäuerle vergisst Puchsbaum das Vaterunser richtig zu beten, aber die Sage hat noch nicht den deutlich konfessionellen Einschlag wie Vogls Meister Hans Puchsbaum:

> 14. »Nur Eins beding 'ich nach Gebühr,
> Daß Ihr auf Eurem Bau hinfür
> Niemals der Frauen Namen nennt,
> Die als gebenedeit Ihr wähnt.

Auch wenn sich die *Dom-Sagen* durchgehend im Sinne der katholischen Frömmigkeit äußern, tragen sie nicht die katholisch-didaktische Note wie die Kaltenbaeckschen (1845) und die Gebhartschen (1854, 1856) Sagensammlungen.

Die Marienverehrung blieb in den 1840er-Jahren in Österreich nicht unhinterfragt, sodass Kaltenbaeck im (schon ein paar Jahre älteren) Vorwort zu seinen *Mariensagen* (1845) annimmt, »dass viele schon bei dem bloßen Titel: Mariensagen mit ihrem Urtheile fertig; ich kann aus Erfahrung hinzusetzen, dass es nicht Wenige geben wird, welche verwerfen, ohne zu prüfen.«[198]

Die Gottesmutter Maria war um das Revolutionsjahr 1848 wieder eine religionspolitische Angelegenheit, auch wenn sich der politische Katholizismus ein Jahrzehnt danach wieder in Schläferposition begab, um dann immer wieder als Beistands- oder Widerstandsideologie inmitten von Liberalismus, Nationalismus und Faschismus zu erwachen.

»Die Jahre zwischen 1850 und 1859 waren, in den Worten des großen Kirchenhistorikers Owen Chadwick, ›the last years of Catholic power in Europe.‹«[199]

In J. Gebharts Fassung *Puchsbaums Fall* (1862) muss der Baumeister versprechen, dass er nicht den Namen »*seiner* geliebten Maria« [Hervorhebung durch den Verfasser] nennen soll, was schon eher ent-konfessionalisiert klingen mag. Könnte nach dem sogenannten Protestantenpatent[200] die konfessionelle Note der Puchsbaum-Sage wieder abgeschwächt worden sein? Wohl kaum, das antikatholische Anrufungsverbot seitens des Teufels hat seinen Nachhall in späteren Sagenfassungen – bei Bermann (1865) verpflichtet sich der Baumeister »(…) nie den Namen des Herrn, der heiligen Jungfrau, oder eines aus der Schaar der Heiligen auf der Baute zu nennen.«[201]

Er führt zu dieser Sage allerdings bloß allgemein didaktisch und nicht spezifisch konfessionell aus: »Indeß gibt die Sage' immer ein Merkmal vom tiefen Sittlichkeitsgefühl des Volkes.«[202]

In einer von Gugitz (1952) übernommenen Variante ist es wiederum der Name seiner Braut Maria, den Puchsbaum nicht nennen dürfe.[203]

Zurück in den Vormärz: Kaltenbaeck (1845) beklagt in seinem Vorwort den Richtspruch zeitgenössischer Autoren über die Vergangenheit sowie Schriftsteller, die sich die Sagen nach ihrem jeweiligen Zeitgeist erdichten würden. Es klingt wie eine Kritik an der Methode von J. N. Vogl, denn in einer Rezension der Voglschen *Dom-Sagen* wird genau das wertgeschätzt, was Kaltenbaeck verwirft:

»Und diese Sagen hat J. N. Vogl gesammelt, er hat das, was alte Chroniken und fast unleserliche Handschriften breit und geschwätzig erzählen, in die Sprache der Gegenwart übertragen.«[204]

Das Wort »vaterländisch«[205] wird in dieser Rezension betont, ein Begriff, den man im Vorwort der Mariensagen vergeblich sucht. Diese Sagen wurden im Sinne des Vielvölkerstaates gesammelt und nicht geografisch gruppiert, um nationale Assoziationen zu vermeiden. Die Marienverehrung wurde nicht überkonfessionell, sondern übernational praktiziert.

Wurde im Jahr 1845 auch in Sagensammlungen der ideologische Gegensatz zwischen einerseits dem zeitgenössischen deutschen Patriotismus und andererseits dem »altehrwürdigen« übernationalen Katholizismus habsburgischen Zuschnitts ausgefochten?

Und antwortet Vogl demnach wiederum mit seinem teuflischen Anrufungsverbot der Maria in der Puchsbaum-Sage in den *Dom-Sagen* (Wien 1845) auf die Marienverehrung in Kaltenbaecks Mariensagen, die er womöglich als »verstellte Frömmigkeit« im selben Jahr in den *Deutschen Liedern* (Jena 1845) verurteilt und daher im Puchsbaum bestrafen lässt?

Aber nimmer sollt ihr trügen
Mit verstellter Frömmelei,
Sollt nicht frevelnd Gott belügen,
Kein Gebet wird ihm genügen,
Ist nicht auch das Herz dabei.[206]

Ließ Vogl mit Puchsbaum die »verstellte Frömmelei« eines Neo-Katholizismus symbolisch vom Turm stürzen? Gehört Vogl zu den »gefährlichen scheinbaren Freunden« unter den Schriftstellern, vor denen der fromme Kaltenbaeck in den *Mariensagen* warnte? Die katholische Frömmigkeit siegt ja in allen anderen Sagen, nur nicht im Puchsbaum.

Das würde sich durch die schwarz-rot-goldene Phase Vogls bestätigen.

Der Teufel trägt schwarz-rot-gold

Eine aufmerksame Lektüre der 12. Strophe in Vogls Fassung der Puchsbaum-Sage lässt den Teufel in schwarz-rot-gold, den Farben des republikanischen Deutschlands, erscheinen.

12. Ein schwarz Kollet, ein bleich Gesicht
Darum ein rother Bart sich flicht,
Vom Hut die Hahnenfeder nickt,
Der Mantel reich und goldgestickt.

Man würde sofort einwenden, dass der Teufel meist schwarz und rot und manchmal auch gold trägt, nicht nur bei Goethe. Zugegeben, allein die Farben sind noch kein Beweis für eine verklausulierte deutschnationale Botschaft. Aber folgende Indizien unterstützen diese These:

1. Die Reihenfolge der Farben als auch die rhythmische Regelmäßigkeit (schwarz auf 1., rot auf 2. und gold auf 3. Hebung) in Vogls Vers. Allerdings lässt Vogl die dritte Zeile aus. Um nicht zu explizit zu sein?
2. Die Farben schwarz-rot-gold wurden im Vormärz verbreitet poetisch und metaphorisch für Deutschland eingesetzt.

Der Dichter Hoffmann von Fallersleben führt z.B. die Farben in seinem Gedicht *Deutsche Farbenlehre* zur poetischen Berühmtheit:

> Immer unerfüllt noch stehen
> Schwarz Roth Gold im Reichspanier:
> Alles läßt sich schwarz nur sehen,
> Roth und Gold, wo bleibet ihr?[207]

3. Vogl war ein schwarz-rot-goldener Revolutionär. Drei Jahre nach den *Dom-Sagen* verehrt er im Revolutionsjahr 1848 die Farben schwarz-rot-gold in der gleichnamigen Gedichtsammlung *Schwarz. roth, gold. Freie Lieder* (1848):

> Seht ihr die Trikolore wehen,
> Schwarz, roth und golden in der Luft ?
> Kein schön 'res Banner ist zu sehen,
> Das Männerkraft zu sich beruft.
> Schwarz ist des finstern Grabes Farbe,
> Roth, deutet auf des Herzens Blut,
> Und golden ist die Feuergarbe,
> Des jungen Morgens heil' ge Glut.[208]

Ist dieser ein harmloser Sänger, der nach eigenen Angaben den Wahlspruch »Mit Gott ins Gefecht, Für Freiheit und Recht!« aus seinem eigenen Gedichtband *Schwarz. roth, gold. Freie Lieder* (1848) auf seinen Säbel »damascieren« ließ?[209]

Identifizierte sich der Dichter bewusst oder unbewusst mit dem mysteriösen Bösen, das, mit Goethes Mephisto gesprochen, stets das Gute schafft – vielleicht mit einer Revolution?

> Viele Romantiker der revolutionären Richtung waren der Meinung, wenn der Satan der größte Feind des traditionellen Christentums war, dann müsse dieser gepriesen werden. Eine solche Aussage war nicht als theologische Behauptung gedacht, sondern vielmehr als symbolische Herausforderung und politisches Programm.[210]

Ein Vergleich mit ähnlichen Farbspielen sowie Teufeln anderer Künstler und Autoren um 1848 erhärtet die These, dass Vogl dem Puchsbaum einen schwarz-rot-goldenen Teufel im Sinne der deutschen Farben und somit der Revolution erscheinen ließ.

In dem Gemälde *Faust und Gretchen im 19. Jh.* (Abb. 26) von Franz Dobiaschofsky war erst eine schwarz-rot-goldene Schärpe als auch ein Säbelknauf beim jungen Faust zu sehen, was während der Ausstellung des Gemäldes im Jahr 1849 sogar einen Polizeieinsatz provoziert hat. Später wurden diese heiklen Bildelemente übermalt.[211] Eine Infrarotreflektografie zeigt noch den Streifen der Schärpe sowie den Knauf (Abb. 27). Es blieben jedoch die Farben schwarz-rot-gold subtil in der Kleidung (Herrenrock, Fliege und Tuch, Handschuh) im Gemälde erhalten.

Das Gretchen trägt die Farben blau-weiß-rot, die Farben der Französischen Republik, das Vorbild für ein schwarz-rot-goldenes Deutschland.

Eine ähnliche Paarung, allerdings mit einer anderen Trikolore, findet sich auch in Vogls *Meister Hans Puchsbaum*:

> 25. Und wider Willen niederschaut
> Der Puchsbaum bei der Glocken Laut,
> Und sieh', da kommt in weißem Kleid
> Des Wegs heran auch eine Maid.
> 26. Den Rosenkranz in zarter Hand,
> Im schwarzen Haar ein grünes Band,

26 Faust und Gretchen im 19. Jahrhundert, Franz Dobiaschofsky, 1848

Das ist sein Lieb', er täuscht sich nicht,
Ein Engelsbild im Morgenlicht.

Widmete er die Farbwahl seiner Maria in der Sage den Farben der Jenaer Studentenverbindung – dem Jenaer[212] Corps Guestphalia mit grün-weiß-schwarz – ähnlich der Liaison zwischen dem deutschen schwarz-rot-gold und dem französischen blau-weiß-rot bei Dobiaschofsky?

Das entspräche der Annahme, dass Mephistopheles, wie Goethe allgemein, von der studentischen deutschnationalen Propaganda in Österreich häufig vereinnahmt wurde. Diese Vereinnahmung endete nicht 1848, sondern geschah über die folgenden Jahrzehnte gerade in Österreich immer wieder:

> Die österreichischen Burschenschaften, gequält von nationalen Überwältigungsängsten der zahlreichen »Nationen und Nationchen« in einem Staat, der seit dem österreichisch-ungarischen Ausgleich von

27 Faust und Gretchen im 19. Jahrhundert, Franz Dobiaschofsky, 1848, Infrarotreflektografie

> 1867 kein rein deutscher mehr war, nationalisierten Goethe. Er schien ihnen eine wichtige kulturelle Waffe im härter werdenden Volkstumskampf zu sein. Insofern hoben sie den burschenschaftsfreundlichen Goethe der Zeit zwischen 1815 und 1817 hervor und ignorierten den eher zurückhaltenden der darauffolgenden Periode.[213]

Der schwarz-rot-goldene »Teufel« sollte 1848 tatsächlich am Stephansdom kurz triumphieren: am 2. April 1848, nach Ausbruch der Revolution in Wien, wurde eine schwarz-rot-goldene Fahne am Hauptturm des Stephansdoms gehisst und zeitgenössischen

28 Die Barrikade am Stefansplatze, nächst der Schulerstrasse / am 26. Mai 1848

Darstellungen zufolge auf den Barrikaden unweit des Nordturms geschwungen (Abb. 28).

Musste Vogl deshalb eine Sage um einen Fahnenschwinger in die vierte Auflage der *Dom-Sagen* (1853) einfügen?

Sie handelt von Gabriel Salzberger, der zu Ehren des Habsburgers Leopold I. im Jahr 1658 die – allerdings kaiserliche – Fahne am Südturm geschwungen habe, wie Vogl dazu anmerkt. Man hatte in der Sage den jugendlichen Fahnenschwinger am Turm über Nacht vergessen und am nächsten Tag, wie durch Wunder zum Greis gealtert, wieder gefunden. Das Fahnenschwingen sei nach Vogl das letzte Mal im Jahr 1842 unter Jubel geschehen.[214] 1848 war vergessen. Die »richtige« Praxis zurückdatieren und die unmittelbar näher liegende »falsche« Praxis überschreiben – eine Strategie, die auch schon die Gegenreformation kannte.

29 Titelblatt der Dom-Sagen, 3. Auflage, 1847

Satanische Satire

Am Titelblatt der Voglschen *Dom-Sagen* (1845 bzw. 1847) (Abb. 29) sieht man den Teufel über Puchsbaum fast wie in einer Umkehrung des christlich tradierten Höllensturzes triumphieren. So lautet es auch im Text:

> 29. Denn dicht gehüllt im Mantel sein
> Schaut der mit Grinsen vom Gestein,
> Und eh' der Puchsbaum noch zerschellt
> Sein Lachen in das Ohr ihm gällt.

Die Puchsbaum-Sage war in der vierten Auflage der *Dom-Sagen* im Jahr 1853 gleich der Erstauflage 1845, nur musste ihre Teufels-Triumph-Szene am Titelbild einer idyllischen Ansicht des Domes weichen, wie sie seit den Aquarellansichten des Malers Rudolf von Alt in Wien so populär war.

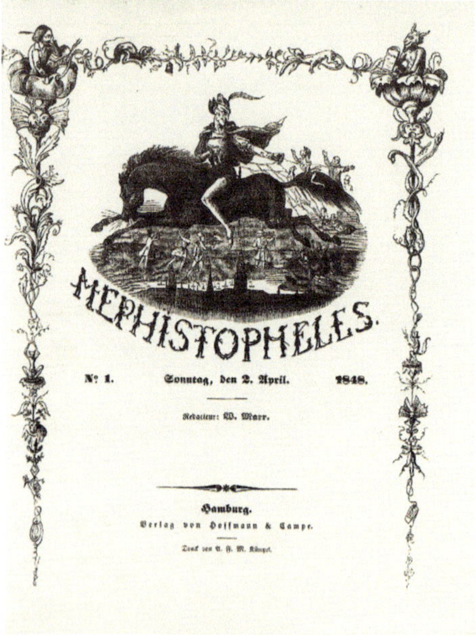

30 Titelblatt der Satirezeitschrift Mephistopheles, Wilhelm Marr, 1848

Im Jahr 1848 sollte die Welt noch auf den Kopf gestellt werden, wenn es ebenso nach dem anarchistischen und später heftig antisemitischen Wilhelm Marr gegangen wäre. Marr besetzt den Mephistopheles auf dem Titelblatt seiner gleichnamigen Satire-Zeitschrift dementsprechend positiv – als Identifikationsfigur für den revolutionären Geist eines neuen Deutschlands. Im Titelbild der ersten Ausgabe vom 2. April 1848, an dem Tag, als in Wien am südlichen Stephansturm die schwarz-rot-goldene Fahne gehisst wurde, fängt Mephistopheles, auf einem fliegenden Pferd sitzend, Adel und Bürgerschaft in einem Netz ein (Abb. 30).

Auch der mephistophelische Satan auf dem Titelblatt der gleichnamigen Zeitschrift – *Satan. Berliner Charivari*, Berlin 1847 – von Albert Hopf in Berlin treibt das Establishment lustvoll mit einer Peitsche vor sich her.

Es scheint, als ob man Vogls revolutionäres Intermezzo im Jahr 1848 bald aus seiner Biografie entfernen musste, wie auch den schwarz-rot-goldenen Gedichtband von 1848 aus dem Werkverzeichnis. Sowohl in *Moderne Klassiker* (1853) als auch in August Schmidts Biografie über Vogl (1868) findet sich in den gelisteten Werken zwischen den Jahren 1846 und 1849 nur eine Lücke!

Schmidt attestiert J. N. Vogl dementsprechend:

> Vogl besaß ein für alles Erhabene zu empfängliches Gemüth, um sich nicht von den Freiheitsideen in der ersten Zeit begeisterten Taumels tragen zu lassen. Er nahm den thätigsten Antheil an Allem, ließ sich alsbald in die Studentenlegion einreihen, wurde auch zum Offizier gewählt; allein dieß war die einzige Huldigung, welche die Gegenwart damals dem Dichter aus der vormärzlichen Zeit darbrachte. Er täuschte sich wie so mancher Andere in seinen Erwartungen. Sein Genius, so urwüchsig er sich auch zeigte, vermochte nicht die Fessel der Apathie zu zerbrechen, welche die ausschließlich politische Richtung der Zeit um die Gemüther gewunden. Die ersehnte Freiheit hatte ihm nichts gegeben, nur genommen. Der Name J. N. Vogl, auf dessen Klang er mit Recht stolz sein konnte, verhallte im hereinbrechenden Sturme politischer Bewegung. Mit den neuen Ideen kamen neue Menschen, welche das tiefempfundene Lied und den harmlosen Sänger selbst in Schatten zurückdrängten.[215]

Diese Biografie beruht auf bereitgestelltem Material von Constantin von Wurzbach[216], der selbst in seinem einflussreichen biografischen Lexikon über J. N. Vogl schreibt:

> Genug, das Bewegungsjahr 1848 ließ ihn nicht nur gleichgiltig, er verhielt sich vielmehr ablehnend gegen die Errungenschaften jener Tage, nicht etwa in einer Vorahnung der traurigen Wendung, welche diese lenzheitere Märzbewegung nehmen würde, sondern im Bewusstsein, dass es mit der Zeit der Ballade und Romanze um sei,

31 Dr Johann N. Vogl, um 1850

> dass die Menschheit um Anderes zu kümmern beginne als um ein Vogl'sches (…) Lied.[217]

Das Revolutionsjahr wurde zum »Bewegungsjahr«, der kämpferische Revolutionär mit Säbel ein »harmloser Sänger«, der dem Jahr 1848 »ablehnend« gegenüber gestanden habe.

Das ist auch gut möglich, denn Vogl hatte sich dichterisch allen Genres, Themen und Kulturen gewidmet, sodass der »schwarz-rot-goldene« Vogl bis 1848 von ihm selbst und seinen Mitmenschen durchaus wieder vergessen werden konnte. Er war, zugespitzt formuliert, ein echter Österreicher, frei nach dem »Herrn Karl« – Figur im gleichnamigen Monolog von Helmut Qualtinger und Carl Merz – aus dem Jahr 1961: »Österreich war immer unpolitisch.«

Das Jahr 1848 war tatsächlich ein Bewegungsjahr im Sinne eines komplexen politischen »vor- und zurück« konstitutioneller sowie konterrevolutionärer Vorstöße (Märzrevolution, Konsolidierung im Sommer, Oktoberrevolution) und kein einmaliger Ablauf von Aktion-Reaktion. Selbst die Herrscher – Kaiser Ferdinand I. in Wien und König Friedrich Wilhelm IV. – nahmen kurzzeitig als scheinbare Zugeständnisse in den revolutionären Märztagen die schwarz-rot-goldene Fahne in die Hand. Es blieb eine Episode.

Der Makel musste entfernt werden – denken wir an die Praxis nach 1945, NS-Funktionen aus den Biografien zu löschen. Dieser Mechanismus erinnert auch an den Stock im Eisen:

Was einst als ein wütender Protest gegen das Establishment begann, wird später zu einem sagenhaften Bubenstreich und Jugendsünde verdreht, wo der Teufel seine Finger im Spiel hatte. Kein Wunder, dass sich nationale Revolutionäre des 19. Jahrhunderts offen oder subtil, bewusst oder unbewusst, den Teufel auf die Fahnen hefteten, der schon früheren Protestbewegungen (Reformation) angedichtet wurde.

Der Teufel schläft nicht – eine kleine Auswahl von künstlerischen und politischen Teufelserscheinungen nach Puchsbaums Fall

In Gustave Flauberts einflussreichem *La Tentation de Saint Antoine* (veröffentlicht 1874) macht der Teufel den Heiligen Antonius skeptisch gegenüber der Göttlichkeit der Welt. Das Werk war in Frankreich überaus populär.

Instrumentalisiert für die religionspolitische Propaganda tritt er wieder bei dem Autor Léo Taxil auf – in seiner auf vermeintlich realistischer Grundlage beruhenden Fortsetzungsgeschichte *Der Teufel im neunzehnten Jahrhundert* (um das Jahr 1890), wo er satanische Riten mit Freimaurerei und dgl. verbindet. Friedrich Heer fasst zusammen:

> Frankreich ist von Teufeln eingekreist. Teufel sind die Lutheraner, sie sitzen in Deutschland, Amerika, England. Taxil erfindet sich eine Miss Diana Vaughan; diese Tochter eines Rosenkreuzers und der Unterweltsgöttin Astarte wird Freimaurerin und Geliebte eines

> Dämons. (…). Ihr Vater ist der Teufel Bertru, ihr offizieller Vater ist ein evangelischer Pastor, ihre – wahre – Mutter eine Jüdin. Diese Sophia Walden wird die Großmutter des Antichrist, der 1962 geboren werden wird. Die Welt ist also voll von Teufeln, die den Sturz der Heiligen Römischen Kirche anstreben.[218]

Der Teufel im neunzehnten Jahrhundert wurde erst ein Welterfolg und teilweise auch von katholischer Seite propagandistisch eingesetzt, aber auch bald als Schwindel entlarvt. Die Taxil-Affäre hinterließ einen schalen Nachgeschmack in der römisch-katholischen Glaubensgemeinschaft, denn es zeigte, worauf sich manche »Gläubige« einlassen konnten, wenn es eine Wiederherstellung von religiöser Hegemonie ihrer Konfession versprach.

Ab dem Jahr 1935 wurde eine schwarz-rot-goldene Figur des »Mephisto« (Entwurf Karl Tutter) in der Porzellanfabrik Hutschenreuther in Hohenberg an der Eger produziert. Hier stellt sich wiederum die Frage:

Waren schwarz-rot(-gold) nun einmal immer schon die Farben des Teufels oder waren sie im Jahr 1935, als sie unter der NS-Herrschaft als Farben Deutschlands samt den Burschenschaften verschwanden, umso mehr wieder eine subtile Protestbotschaft? In den Archivunterlagen seien keine Hinweise dahingehend zu finden.[219] Aber versteckter Protest muss auch nicht explizit dokumentiert werden.

Schließlich sei hier noch als Beispiel politisch assoziierter Teufelserscheinungen die Erinnerung des Schriftstellers Carl Zuckmayer an die NS-Machtübernahme im Jahr 1938 in Wien herangezogen:

> An diesem Abend brach die Hölle los. Die Unterwelt hatte ihre Pforten aufgetan und ihre niedrigsten, scheußlichsten, unreinsten Geister losgelassen. Die Stadt verwandelte sich in ein Alptraumgemälde des Hieronymus Bosch: Lemuren und Halbdämonen schienen aus Schmutzeiern gekrochen und aus versumpften Erdlöchern gestiegen. Die Luft war von einem unablässig gellenden, wüsten, hysterischen

Gekreische erfüllt, aus Männer- und Weiberkehlen, das tage- und nächtelang weiterschrillte.[220]

Waren dies die Teufel, die einst Georg Scherer im Jahr 1583 mit seiner Teufelspropaganda erschaffen hatte?

Zahnwehherrgott

Auf der Außenseite des Chors des Stephansdoms befindet sich das Wahrzeichen einer weiteren bekannten Wiener Sage mit mutmaßlich religionspolitischem Hintergrund – die Sage um den Zahnwehherrgott.

Christus, Maria und die Armen Seelen

Dieser steinerne Christus in Halbfigur wurde als »Ecce Homo«, »Schmerzensmann«, »Totenherrgott« und schließlich als »Zahnwehherrgott« benannt. Es ist eine in den 1950er-Jahren entstandene Kopie des – vermutlich aus dem frühen 15. Jahrhundert stammenden – Originals, das sich heute aus konservatorischen Gründen im Innern des Doms befindet.[221] Das Original hatte demnach seit dem 15. Jahrhundert auf dem Friedhof um St. Stephan gestanden, der am Ende des 18. Jahrhunderts aufgelassen wurde. Die Christusfigur wurde dann zu einem unbestimmten Zeitpunkt auf die oktogonale Säule gesetzt und im 20. Jahrhundert schließlich ausgetauscht. Sie ist nun vor Tauben geschützt hinter einem Netz zu sehen (Abb. 32).

Das Freskobild, welches die Figur umgibt, wurde im Jahr 1826–1827 von Josef Danhauser gemalt, vielleicht nicht lange nach der Aufstellung der Figur in der Nische. In dem Wandgemälde werden Arme Seelen durch die Fürbitte Mariens erlöst (Abb. 33), daher die Bezeichnung »Arme-Seelen-Nische«.

Weiter unten in der Säule ist ein Münzschlitz mit verschlossenem Türchen zu sehen, wahrscheinlich für eine wieder wachgerufene Ablasspraxis des 19. Jahrhunderts – frei nach dem überlieferten Slogan des Ablasshandels des 16. Jahrhunderts: »Wenn

32 Der sogenannte Zahnwehherrgott

33 Der sogenannte Zahnwehherrgott mit Maria im Hintergrund

das Geld im Kasten klingt, die Seele aus dem Feuer springt.« Der Ablass hatte einst im fernen Wittenberg die lutherische Reformation im Jahr 1517 provoziert, er wurde im Konzil von Trient re-etabliert, durch den Josephinismus in Österreich zurückgedrängt und in der Restaurationszeit nach dem Jahr 1815 umso mehr als Praxis in die Volksfrömmigkeit zurückgeholt. Die Darstellung der »Armen Seelen« im Fresko sollte die Gläubigen dazu bewegen, ihren verstorbenen Verwandten hier mit einem Münzeinwurf die Zeit im Fegefeuer zu verkürzen. Zur Wiederholung: Dieses Bildprogramm war initialer Angriffspunkt der Reformation! Aber nicht nur das Fresko hat einen gegenreformatorischen »touch«, sondern auch die Sage um die steinerne Christusfigur als »Zahnwehherrgott«.

Im Unterschied zu anderen Sagen ist das erstmalig gedruckte Erscheinen des Zahnwehherrgott (zum jetzigen Forschungsstand) genau mit dem Jahr 1878 zu datieren und der Erfinder mit Moritz Bermann identifiziert. Bermann schreibt über die Christusfigur:

> Es ist dies eine stets von den Andächtigen mit Blumen und Kränzen geschmückte Steinkaryatide, vor welcher eine ›ewige Lampe‹ brennt und ein breiter Betschemel befindlich ist, den zu allen Zeiten, besonders in den traurigen, finsteren Abendstunden des Herbstes und Winters, flehende Beter einnehmen (...). Den Namen »Zahnweh-Herrgott« brachte dem Steinbilde einst ein junkerlicher Spötter auf, als er in toller Lustigkeit mit seinen Zech - und Spielgenossen vorbeiritt, und zwar in Anspielung auf das verblasste Rosaband, welches sich um das Kinn schlingt, als Halt für die Blumenkrone, mit welcher stets das Haupt geziert wird, und das einem Zahntuche ähnelt. Aber – so erzählt die Legende – der freche Spötter wurde noch an selbem Tage von einem schrecklichen Zahnleiden befallen, das aller ärztlichen Mittel spottete und erst dann schwand, als er reuevoll vor dem Bilde kniete und seinen Spott abbat. Seitdem behielt die Karyatide in der sogenannten »Armen-Seelen Nische« den Namen im edleren Sinne und wendet man sich mit Bitten um Befreiung von Mundleiden an dieselbe.[222]

Auch Gustav Gugitz (1952) gibt an: »Die Sage ist indessen sicher ein literarisches Produkt aus der Feder Bermanns, vorher ist sie nirgends nachzuweisen. Sicher ist nur, dass die Statue von Zahnleidenden aufgesucht wurde.«[223]

Diese Praxis des »Aufsuchens von Zahnleidenden« wird in dem Zeitungsartikel *Die Gnadenbilder der Stefanskirche* aus dem Jahr 1874 erwähnt.[224]

Berman (1878) übernimmt wortwörtliche Passagen daraus und dichtet für die Sage den Junker hinzu, der an den Teufel in Vogls Puchsbaum erinnert. Kein Wunder, denn abgesehen von

34 Moritz Bermann, 1847

der hohen Verbreitungsgeschwindigkeit von Motiven in der Literatur hat doch Moritz Bermann auch in Vogls Künstlerkreis gesessen[225] (Abb. 34).

Das »Bitten um Befreiung bei Mundleiden« bei Gnadenbildern hat eine vielleicht marginale, aber lange Tradition, so wurde die Heilige Apollonia bei Zahnschmerz angerufen, die auch im Innern des Stephansdoms am Wiener Neustädter Altar unter anderen Heiligen gemalt zu sehen wäre. Dass aber der Zahnwehherrgott erstmals in den 1870er-Jahren am Stephansdom erwähnt wurde, hat womöglich damit zu tun, dass einige Jahre zuvor in Böhmen ein »tschechischer Zahnwehherrgott« wiederauferstanden war – Jan Hus.

Um das Jahr 1870 brodelte es in Böhmen. Der österreichisch-ungarische Ausgleich von 1867 sollte im Jahr 1871 auch einen böhmischen Ausgleich nach sich ziehen, was aber aus verschiedenen Gründen gescheitert ist. Die tschechischen Böhmen fühlten sich in der Doppelmonarchie gegenüber den Ungarn politisch benachteiligt. Der Politiker und – an sich – kaisertreue Historiker František Palacký äußerte seine Enttäuschung darüber, und »die tschechischen Abgeordneten blieben für weitere sechzehn Jahre dem Reichsrat fern (…).«[226]

Die jahrzehntelange historiografische Arbeit eben dieses Palacký, mit der er eine tschechische Geschichte Böhmens betont hatte, kam um das Jahr 1870 zu einem Ende. Darin wurde auch Jan Hus, der Reformator und »tschechische Nationalheld« des 15. Jahrhunderts, wieder in Erinnerung gerufen.

Der 500-jährige Geburtstag des Jan Hus wurde im Jahr 1869 als Jubiläum mit angeblich tausenden Teilnehmenden in Prag und in seiner Geburtsstadt Husinec gefeiert. Es wurde beobachtet, dass im Zuge dieser Feierlichkeiten etliche Pilger*innen als Heilmittel gegen Zahnschmerzen Holzspäne aus seinem Geburtshaus gebrochen hätten.[227]

Dieser Glaube und die Praxis, Jan Hus bei Zahnschmerzen anzurufen und seine Wirkungsstätten dafür zu besuchen, wurde bereits für das 17. Jahrhundert belegt und als Brauch von der tschechischen Volkskunde Ende des 19. Jahrhunderts festgestellt.[228]

Der Reformator Jan Hus betonte um 1400 in der Nachfolge von John Wycliffe und in Vorgängerschaft von Martin Luther die Heilige Schrift als Grundlage des Glaubens. Was als christliches Dogma nicht im »Buch« stünde, sollte bekämpft werden. Er kritisierte unter anderem geistliche Hierarchien, Heiligenverehrung und Ablass. Darüber hinaus stellte die hussitische Ideologie allgemein die kirchliche Organisation mit ihren »ungeheuerlichen Häuptern« infrage. Das zog den Zorn der Herrschenden auf sich – in Prag des Luxemburger Königs Sigismund und in Wien des Habsburgers Herzog Albrecht V.

Jan Hus wurde gefangen genommen und nach einer Inquisition 1415 zum Tode verurteilt. Vor seiner Hinrichtung berichtet er von unerträglichen Zahnschmerzen als Teil seiner Passion und als göttliche Prüfung, wie im 16. Jahrhundert überliefert wurde.[229] »Diese Passion wird später regelmäßig im Gottesdienst der Utraquisten und der böhmischen Brüder verlesen.«[230]

Darauf aufbauend dürfte die Praxis der wunderbaren hussitischen Zahnschmerzbehandlung in Husinec begonnen haben, wie dem Prager Erzbischof im Jahr 1633 berichtet wurde.[231]

Paradoxerweise wurde damit einem Reformator, der die Reliquienverehrung ablehnte, eine volkstümliche Heiligsprechung und Wallfahrtspraxis zuteil. Die Zahnschmerzen als göttliche Züchtigung hatte bereits der Heilige Augustinus mehr als tausend Jahre vor Hus erlitten, wie jener in seinen Bekenntnissen um das Jahr 400 erzählt:

> Mit Zahnschmerz quältest du mich damals. Und als es so schlimm wurde, dass ich nicht mehr sprechen konnte, kam mir der Gedanke, meine Lieben, die dabei waren, zu ermahnen, sie sollten dich, den Gott jedweden Heils, für mich zu bitten. Dies schrieb ich auf ein Wachstäfelchen und gab es ihnen zu lesen. Kaum hatten wir für demütigen Sinns das Knie gebeugt, da floh der Zahnschmerz.[232]

Jan Hus, der auch auf die Theologie des Augustinus baute, dürfte somit die Augustinischen Zahnschmerzen wieder »erlebt« haben. Das Nacherleben von Passionen wird bei streng gläubigen Christen immer wieder berichtet (Stigmata etc.).

Nach der Verbrennung von Jan Hus als »Ketzer« im Jahr 1415 kam es zum Aufstand. Seine Anhänger, die schwer bewaffneten »Hussiten«, drangen über das Waldviertel bis zur Donau vor. Heute noch wird das Aufhetzen gegen jemanden in Österreich »aufhussen« genannt, vielleicht kommt es daher.[233]

Jan Hus saß der römisch-katholischen Kirche und den Herrscher*innen in Wien lange noch im Nacken. Er war als Held im Kampf gegen den Katholizismus bis ins 20. Jahrhundert Identifikationsfigur protestantischer und tschechischer (sowie sogar deutschböhmischer) Patrioten.

Kulturtransfer und Konkurrenz

Dass sich diese Herrschenden in Wien böhmische Topoi aneigneten, um sie zu neutralisieren oder für ihre eigenen Zwecke zu instrumentalisieren, sehen wir auch an dem Maria-Theresianischen »Staatsheiligen« Johannes Nepomuk sowie am Symbol des Pfluges.

In der von Maria Theresia intensiv geförderten Verehrung von Johannes Nepomuk mit seinen marianischen Attributen (um den Kopf einen Sternenkranz und im Arm das Kruzifix, wie Maria das Jesuskind) verschmolz die böhmische Geschichte mit der katholischen Pietas Austriaca, der spezifisch habsburgischen Frömmigkeit.

Des Kaiser Josephs II. angeblich selbstloses Pflügen eines Ackers in Mähren und die sogenannten Kudlich-Denkmäler (in Form von Pflügen) ab dem Jahr 1848 übernahmen/überschrieben hingegen wahrscheinlich den altböhmischen Mythos von Přemysl, dem Pflüger. Am Anfang des 19. Jahrhundert erfand sich auch der tschechische Nationalismus eine Vergangenheit in Form von gefälschten mittelalterlichen Manuskripten in alttschechischer Sprache – die Grünberger sowie die Königinhofer Handschrift.

In den 1860er-Jahren befanden sich Wien und Prag auch in einem Konkurrenzkampf der Dome:

So wurde eine Vereinigung zur Fertigstellung des Veitsdoms in Prag im Jahr 1859 gegründet, worauf man in Wien im Jahr 1865 mit der Gründung eines Komitees zur »Durchführung aller Bau- und Restaurierungsarbeiten« am Stephansdom und später dem Dombauverein reagieren musste.

Schon der Ausbau von St. Stephan im 14. Jahrhundert unter Herzog Rudolf IV. vollzog sich unter dem Vorzeichen einer Konkurrenz mit dem Veitsdom in Prag, der Residenzstadt seines Schwiegervaters Kaiser Karl IV.

Zufälligerweise stammt das Material der Figur des »Zahnwehherrgottes« auch aus Böhmen, womöglich aus der Hand eines böhmischen Künstlers und pikanterweise vom Weißen Berg[234], Symbol der Niederlage der böhmisch-protestantischen Stände im Dreißigjährigen Krieg im Jahr 1620.

Schlusswort

Sind wir jetzt ausreichend ent-täuscht? Und dürfen wir jetzt noch weiter Wiener Sagen erzählen? Ja – genauso wie wir steinerne Denkmäler mit konfliktreichen Bedeutungen nicht einfach entfernen, sondern sie in didaktischer Absicht kontextualisieren sollten. Sagen sind ein Teil der vielfältigen und geheimnisvollen Geschichte der Stadt, aber auch Ausdruck von Weltanschauungen bestimmter Interessensgruppen zu bestimmten Zeiten und ein Mittel zur Sozialdisziplinierung – weniger ursprüngliche »Volksphantasie« – sie dienten einer Propaganda. Sie zeigen, wer »das Sagen« hatte oder wer etwas sagen wollte – sie waren Ausdruck von Herrschaft und Protest.

Hier enthüllen sich nicht nur Antworten, sondern weitere Fragen: Finden sich noch eindeutigere Belege dieser Propagandaabsichten – »Chat-Protokolle« der Frühen Neuzeit? Welche Sagen und Wahrzeichen unterlagen einer ähnlichen Wandlung? Welche Lücken sind noch zu schließen, welche früheren Quellen für die Sagen und Wahrzeichen warten noch auf ihre Entdeckung?

Das Buch will keine finalen Ergebnisse liefern, sondern anhand einer Auswahl an Quellen und mit neuen Deutungsansätzen Pionierarbeit für einen Perspektivenwechsel in der Wiener Sagen- und somit Kulturgeschichte leisten. Es soll dazu anregen, sich mit den (religions-)politischen Hintergründen der Wiener Sagen und Wahrzeichen weiter auseinanderzusetzen. Das Buch kann schließlich einen methodologischen Beitrag zur Entlarvung von subtiler politischer Propaganda auch in der Gegenwart leisten.

Der Verfasser ist neugierig auf wissenschaftliche Bestätigungen, Korrekturen, fundierte Entgegnungen und Ergänzungen.

Dokumentation

Literatur

Baltzarek, Franz: Die Stadtordnung Ferdinands I. und die städtische Autonomie im 16. Jh. In: Wiener Geschichtsblätter, Jg. 29, Heft 3 (1974), S. 185–197.

Barchetti, Theodor: Nochmals Stock im Eisen. In: Wiener Geschichtsblätter, Jg. 36, Heft 2 (1981), S. 108–110.

Beck, Josef: Die Geschichts-Bücher der Widertäufer in Oesterreich-Ungarn: (…) (Wien 1883).

Bednar, Helmut: Das Holz des Stock im Eisen. In: Wiener Geschichtsblätter, Jg. 32, Heft 1 (1977), S. 16–23.

Burgerstein, Alfred: Der Stock im Eisen der Stadt Wien (…). Sonderabdruck aus: Berichte und Mitteilungen des Alterthums-Vereines zu Wien, Bd. 18 (1910, basierend auf einer Studie aus 1893), S. 81–98.

Burkhardt, Johannes: Der Dreißigjährige Krieg (Frankfurt am Main 1992).

Czeike, Felix: Die Kärntner Straße (Wiener Geschichtsbücher, Bd. 16, Wien 1975).

Duhr, Bernhard: Die Geschichte der Jesuiten in den Ländern deutscher Zunge. Bd. 2, Teil 1 (Freiburg i. Breisgau 1913).

Eichinger, Reinhold/Enzensberger, Josef: Täufer, Hutterer und Habaner in Österreich (Nürnberg 2011).

Gall, Franz: Die Alte Universität (Wiener Geschichtsbücher, Bd. 1, Wien 1970).

Gerteis, Klaus: Frühneuzeitliche Stadtrevolten im sozialen und institutionellen Bedingungsrahmen. In: Rausch, Wilhelm (Hg.): Die Städte Mitteleuropas im 17. und 18. Jh. (Linz 1981), S. 43–58.

Grabner, Sabine: Franz Dobiaschofsky. Faust und Gretchen im 19. Jahrhundert. In: Husslein-Arco, Agnes/Grabner, Sabine (Hg.): Ist das Biedermeier? Amerling, Waldmüller und mehr – Ausstellungskatalog Belvedere Wien (München 2016), S. 186.

Gugitz, Gustav: Die Sagen und Legenden der Stadt Wien (Wien 1952).

Haas, Hanns/Velek, Luboš/Fasora, Lukáš: Virubus Unitis? Die böhmischen und österreichischen Länder von 1848 bis 1914. In: Perzi, Niklas/Schmoller, Hildegard/Konrád, Ota/Šmidrkal, Václav (Hg.): Nachbarn. Ein österreichisch-tschechisches Geschichtsbuch (Weitra 2019), S. 35–62.

Hadamowsky, Franz: Das Theater in den Schulen der Societas Jesu in Wien (1555–1761) (u.a. Wien 1991).

Harl, Ortolf: Der Stock im Eisen, Restaurierung, Beschreibung, technisch-physikalische Untersuchung, Jg. 32, Heft 1 (1977), S. 4–15.

Harrer-Lucienfeld, Paul: Wien. Seine Häuser, Menschen und Kultur (Schreibmaschinen-Manuskripte). Bd. 4, Teil 2 (Wien 1954), Bd. 7 (Wien 1957).

Heer, Friedrich: Der Kampf um die Österreichische Identität (Wien 2001, Erstauflage 1981).

Hobsbawm, Eric/Ranger, Terence (Hg.): The Invention of Tradition (Cambridge 1983).

Kaltenegger, Marina/Mitchel, Paul: Zur Baugeschichte des Heiligenkreuzerhofes. In: Österreichische Zeitschrift für Kunst und Denkmalpflege, Heft 4 (Wien 2002).

Kohler, Alfred: Reformatorische Bildpropaganda. In: Wiener Zeitschrift zur Geschichte der Neuzeit, Jg. 6, Heft 2 (Innsbruck 2006), S. 35–48.

Lang, Helmut W.: Idealist? Opportunist? Illegale Reformationsdrucke aus der Druckerei Johann Singrieners d. Ä. in Wien. In: Leeb, Rudolf/Öhlinger, Walter/Vocelka, Karl (Hg.): Brennen für den Glauben. Wien nach Luther (Wien 2017), S. 128–149.

Leeb, Rudolf: Der Streit um den wahren Glauben – Reformation und Gegenreformation in Österreich. In: Geschichte des Christentums in Österreich. Von der Spätantike bis zur

Gegenwart (Österreichische Geschichte, Wien 2003), S. 145–279.
Leeb, Rudolf: Eine Stadt im Aufruhr. Wien und die frühe Reformation. In: Leeb, Rudolf/Öhlinger, Walter/Vocelka, Karl (Hg.): Brennen für den Glauben. Wien nach Luther (Wien 2017), S. 118–127.
Lönnecker, Harald: Goethe und die Burschenschaft – das Nachleben 1832 bis 1999 (Frankfurt am Main 2006), Dateiabruf unter www.burschenschaft.de.
Osterhammel, Jürgen: Die Verwandlung der Welt. Eine Geschichte des 19. Jahrhunderts (München 2009).
Pauser, Josef: Zwischen Aufbegehren und Anpassung. Von der Ständeopposition zur Wiener Stadtordnung von 1526. In: Leeb, Rudolf/Öhlinger, Walter/Vocelka, Karl (Hg.): Brennen für den Glauben. Wien nach Luther (Wien 2017), S. 64–71.
Perger, Richard: Die äußere Wandlung Wiens im 16. Jahrhundert. In: Wiener Geschichtsblätter, Jg. 29, Heft 3 (1974), S. 198–217.
Perger, Richard: Geschichtliches vom Stock im Eisen. In: Wiener Geschichtsblätter, Jg. 32, Heft 1 (1977), S. 27–47.
Petzoldt, Leander: Zur Geschichte der Erzählforschung in Österreich. In: Schmitt, Christoph (Hg.): Homo Narrans. Studien zur populären Erzählkultur (…) (u.a. Münster 1999), S. 111–138.
Peil, Dietmar: Der Baum des Königs. Anmerkungen zur politischen Baummetaphorik. In: Euchner, Walter/Rigotti, Francesca/Schiera, Pierangelo (Hg.): Die Macht der Vorstellungen. Die politische Metapher in historischer Perspektive (Bologna/Berlin 1988/1991), S. 33–65.
Rader, Olaf B.: Friedrich II. Der Sizilianer auf dem Kaiserthron (München 2019, Erstauflage 2010).
Rauscher, Peter: »Der Weinwachs so groß.« Die Wiener Wirtschaft im langen 16. Jahrhundert. In: Leeb, Rudolf/Öhlinger, Walter/Vocelka, Karl (Hg.): Brennen für den Glauben. Wien nach Luther (Wien 2017), S. 101–105.
Roper, Lyndal: Luther. Der Mensch Martin Luther (Frankfurt

2016, im Original: Martin Luther. Renegade and Prophet. London 2016).
Rothkegel, Martin: Frühreformatorische Radikalität und Kultur des Martyriums. Täufer in Wien im 16. Jahrhundert. In: Leeb, Rudolf/Öhlinger, Walter/Vocelka, Karl (Hg.): Brennen für den Glauben. Wien nach Luther (Wien 2017), S. 150–161.
Rumpler, Helmut: Österreichische Geschichte 1804–1914. Eine Chance für Mitteleuropa. Bürgerliche Emanzipation und Staatsverfall in der Habsburgermonarchie (Österreichische Geschichte, Wien 2005).
Russell, Jeffrey Burton: Biographie des Teufels. (Wien/Köln/Weimar 2000, im Original: The Prince of Darkness. Radical Evil and the Power of Good in History. Ithaca, New York 1988).
Sammer, Marianne: Der Basilisk. Zur Natur- und Bedeutungsgeschichte eines Fabeltieres im Abendland (München 1998).
Seebaß, Gottfried: Müntzers Erbe. Werk, Leben und Theologie des Hans Hut (Quellen und Forschungen zur Reformationsgeschichte, Bd. 73, Gütersloh 2002, Habilitationsschrift 1972).
Scheutz, Martin: Kaiser und Fleischhackerknecht. Städtische Fronleichnamsprozessionen und öffentlicher Raum in Österreich während der Frühen Neuzeit. In: Aigner, Thomas (Hg.): Aspekte der Religiosität in der Frühen Neuzeit (St. Pölten 2003), http://homepage.univie.ac.at/martin.scheutz/website/, S. 62–125.
Schulze, Winfried: Deutsche Geschichte im 16. Jahrhundert: 1500–1618 (Frankfurt am Main 1987).
Schweighofer, Astrid: Eine »güldene und seliche Zeit.« Das evangelische Zentrum in der Wiener Herrengasse und seine Prediger. In: Leeb, Rudolf/Öhlinger, Walter/Vocelka, Karl (Hg.): Brennen für den Glauben. Wien nach Luther (Wien 2017), S. 172–181.
Strohmeyer, Arno: Einheit der Casa de Austria? Habsburgs Dynastizismus und der Dreißigjährige Krieg. In: Keller, Katrin/Scheutz, Martin (Hg.): Die Habsburgermonarchie und der Dreißigjährige Krieg (Wien 2020). S. 143–160.

Trevor-Roper, Hugh: The Crisis of the Seventeenth Century: Religion, the Reformation and Social Change (Indianapolis 2001, Erstauflage 1967).
Waite, Gary K.: Eradicating the Devil's Minions. Anabaptists and Witches in Reformation Europe (Toronto 2009).
Wiedemann, Theodor: Die kirchliche Bücher-Censur in der Erzdiöcese Wien: nach den Acten des fürsterzbischöflichen Consistorialarchives in Wien (Wien 1873).
Winkelbauer, Thomas: Österreichische Geschichte 1522–1699. Ständefreiheit und Fürstenmacht. Länder und Untertanen des Hauses Habsburg im konfessionellen Zeitalter, Teil 2 (Österreichische Geschichte, Wien 2003).
Veverka, Georgine: Volkskundliches über den Stock im Eisen. In: Wiener Geschichtsblätter, Jg. 32, Heft 1 (1977), S. 47–67.
Zehetner, Franz/Linke, Robert/Zowa, Brigitte: Der »Zahnwehherrgott« von St. Stephan in Wien. In: Österreichische Zeitschrift für Kunst und Denkmalpflege, Heft 3/4 (Wien 2016), S. 425–437.

Quellen

Abermann, Heinrich: Wolfgang Lazius, Chronica oder historische Beschreibung der weitberühmten Kayserlichen Hauptstadt Wien in Oesterreich (...) (dt. Übersetzung der Chronik von Lazius 1546, erstmals 1619?) (Frankfurt 1692).
Abraham a St. Clara: Auserlesene Gedanken, Anekdoten, Fabeln, Schnurren und Märchen. Aus den Schriften des Paters Abraham a St. Clara (Originale o. J.) (Wien 1812).
Alberus, Erasmus: Vom Basilisken zu Magdeburg. Item von Hanen eyhe/daraus ein Basilisck wirt/mit seiner Bedeutung aus der heiligen Schrifft. (Hamburg 1552).
Althamer, Andreas: Diallage/Das ist vereynigung der streytigen sprüch in der schrifft/(...) (s.l. 1528).
Augustinus: Bekenntnisse (um das Jahr 400) (Reclam, Stuttgart 2017).

Bäuerle, Adolf (Hg. und Autor): Wiener allgemeine Theaterzeitung (Bäuerles Theaterzeitung) (Wien 1806–1860).
Bechstein, Ludwig: Volkssagen, Märchen und Legenden des Kaiserstaates Österreich (Leipzig 1841).
Bermann, Moritz: Alt-Wien in Geschichten und Sagen für die reifere Jugend (Wien und Leipzig 1865).
Bermann, Moritz: Der Wiener Stefans-Dom und seine Sehenswürdigkeiten in Geschichte, Kunst, Legenden und Sagengebilde (Wien/Pest/Leipzig 1878).
Bermann, Moritz: Alt und Neu-Wien. Geschichte der Kaiserstadt und ihrer Umgebungen (Wien/Pest/Leipzig 1880).
Bormastino, Antonio: Historische Beschreibung von der Kayserlichen Residentz-Stadt Wienn und ihren Vor-Städten (…) (Wien 1719).
Dieterich, Conrad: Ulmischer Regenten Baum (Ulm 1621).
Fallersleben, August Heinrich Hoffmann von: Deutsche Salonlieder (Zürich und Winterthur 1844).
Fuhrmann, Mathias: Alt- und neues Wien, oder dieser (…) Residentz-Stadt Chronologisch- und Historische Beschreibung von derselben Ursprung an biß auf die neuen Zeiten, Bd. 1 (Wien 1738) und Bd. 2 (Wien 1739).
Gebhart, J.: Die heilige Sage in Österreich (Wien 1854).
Gebhart, J.: Heilige Sagen in Österreich (Wien 1856).
Gebhart, J.: Österreichisches Sagenbuch (Pest 1862).
Goethe, Johann Wolfgang von: Faust. Eine Tragödie (Tübingen 1808).
Goethe, Johann Wolfgang von: Von deutscher Baukunst. D. M. Ervini a Steinbach (s.l., 1773).
Grimm, Jacob: Reinhart Fuchs (Berlin 1834).
Grumbach, Argula von: Argula's Schrift an ihren Herrn Vetter, Adam von Thering, Pfalzgräflichen Statthalter zu Neuburg (1523). In: Pistorius, Alexander Hermann (bearb.): Frau Argula von Grumbach geborne von Stauffen und ihr Kampf mit der Universität zu Ingolstadt. (Magdeburg 1845).
Hammer-Purgstall, Joseph von: Khlesl's, (…), Leben, Bd. 1 (Wien 1847).

Hätzer, Ludwig/Denck, Hans: Alle Propheten, nach Hebraischer sprach verteutschet. (Worms 1527).
Herloßsohn, Carl: Mephistopheles, Ein politisch-satyrisches Taschenbuch auf das Jahr 1833 (Leipzig 1832).
Hormayr, Joseph von: Wien, seine Geschicke und seine Denkwürdigkeiten. Jahrgang II, Bd. 1, Heft 1 (Wien 1824).
Hut, Hans: Ein Anfang eines rechten christlichen Lebens (…) (s.l. 1527). In: Seebaß, Gottfried/Fast, Heinold (Hg.): Briefe und Schriften oberdeutscher Täufer 1527–1555 (…), bearbeitet von Heinold Fast und Martin Rothkegel (Quellen und Forschungen zur Reformationsgeschichte, Bd. 78, Gütersloh 2007).
Jungmann, Johann: Des Kaisers Rudolph von Habsburg Traum (…) (Wien 1840).
Kaltenbaeck, Johann Paul: Die Mariensagen aus Oesterreich (Wien 1845).
Kisch, Wilhelm: Die alten Straßen und Plätze Wien's und ihre historisch interessanten Häuser (Wien 1883).
Lambeck, Peter: Commentariorum de Augustissima Bibliotheca Caesarea Vindobonensis, Buch 6 (Wien, 2. Auflage in der Bearbeitung von Adam František Kollár 1780, Erstdruck 1665–79).
Lazius, Wolfgang: Vienna Austriae (Basel 1546).
Lenau, Nikolaus: Faust. Ein Gedicht (um 1835) (posthum Stuttgart/Augsburg 1858).
Lutherbibel 2017: https://www.bibleserver.com/, letzter Zugriff: 21.04.2021.
Marr, Wilhelm (Hg.): Mephistopheles. Politisch-satirische Wochenschrift mit Illustrationen (Hamburg 1847–1852).
Moderne Klassiker. Deutsche Literaturgeschichte der neueren Zeit in Biographien, Kritiken und Proben (Autor unbekannt): Johann Nepomuk Vogl (Kassel 1853).
Münster, Sebastian: Cosmographey Oder beschreibung Aller Länder herrschafftenn vnd fürnemesten Stetten des gantzen Erdbodens: sampt jhren Gelegenheiten, Eygenschafften, Re-

ligion, Gebreuchen, Geschichten vnnd Handthierungen, etc. (Basel 1588).
Müntzer, Thomas: Außlegung des andern unterschyds Danielis (…) (Allstedt 1524).
Österreichischer Myrrhen-Berg (o. V.) (Passau 1723).
Ovid: Metamorphosen (Lateinisch/Deutsch, Stuttgart 2003).
Pantaleon, Heinrich: Martyrum Historia (…), Teil 2 (Basel 1563).
Pischinger, Alois (Hg.): Sagen aus Österreich (Wien 1949).
Realis (Pseudonym von Gerhard Coeckelberghe-Duetzele): Geschichten, Sagen und Merkwürdigkeiten aus Wien's Vorzeit und Gegenwart. (Wien 1841).
Realis (Pseudonym von Gerhard Coeckelberghe-Duetzele): Curiositäten- und Memorabilien-Lexicon von Wien: (…), Bd. 2 (Wien 1846).
Sachs, Hans: Ain Gesprech aines Evangelischen Christen/mit ainem Lutherischen darinn der Ergerlich wandel etlicher/die sich Lutherisch nenne angezaigt/vnd brüderlich gestrafft wirdt (Augsburg 1524).
Scherer, Georg: Christliche Erinnerung Bey der Historien von jüngst beschehener Erledigung einer Junckfrawen die mit zwölfftausent sechshundert zwey vnd fünfftzig Teufel besessen gewesen (…) (Ingolstadt 1584).
Schmidl, Adolf: Wien's Umgebungen auf zwanzig Stunden im Umkreise: nach eigenen Wanderungen geschildert, Bd. 3 (Wien 1839).
Schmidt, August: Johann Nepomuk Vogl als Mensch und Dichter gezeichnet. (Wien 1868).
Sturm, Jakob: Unverwelklicher Oester-Reichischer Ehrenkranz (…) (1659, in der Ausgabe Wien 1866).
Tilmez, Friedrich: Ausserlesene Denkwürdigkeiten von der (…) St. Stephans Dom-Kirchen und Thürmen zu Wienn (…) (Wien 1722).
Trimmel, Franz Emil: Romantisch-historische Skizzen aus Oesterreichs Vorwelt. (Wien 1837).
Vogl, Johann Nepomuk: Deutsche Lieder (Jena 1845).
Vogl, Johann Nepomuk: Dom-Sagen (Wien 1845).

Vogl, Johann Nepomuk: Dom-Sagen (Wien [4]1853).
Vogl, Johann Nepomuk: Schwarz, Roth, Gold. Freie Lieder (Wien 1848).
Wurzbach, Constantin von: Biographisches Lexikon des Kaisertums Österreich, Bd. 51 (Wien 1885).
Zeiller, Martin: Itinerarium Germaniae Nov-antiquae (Straßburg 1632).
Zíbrt, Čeněk: Staročeské výroční obyčeje, pověry, slavnosti a zábavy prostonárodní pokud o nich vypravují písemné památky až po náš věk (Alttschechische volkstümliche Jahresbräuche, Aberglauben, Feierlichkeiten und Belustigungen falls über sie schriftliche Denkmäler bis in unsere Zeit berichten) (Prag 1889).
Ziska, Franz: Österreichische Volksmärchen (Wien 1822).
Zuckmayer, Carl: Als wär's ein Stück von mir (Wien 1967).

Abbildungsnachweise

Abb. 1 © Wien Museum, Inv. Nr. 183229, **Abb. 2, 3, 4, 5** © Claudia Prieler, **Abb. 6 und 7** © ÖNB/Wien, Sign. Pk 4348, **Abb. 8** Besitzer: Pfarrarchiv Thaya, Fotograf: Friedrich Polleroß, **Abb. 9** © Wien Museum, Inv. Nr. 212886, **Abb. 10** © Wien Museum, Inv. Nr. 212886, **Abb. 11** © Belvedere, Wien, Inv. 3167, **Abb. 12, 13, 14, 15, 16** © Claudia Prieler, **Abb. 17** Bayerische Staatsbibliothek München, Bildnr. 32, Sign. Res/4 L.eleg.m. 252,19, urn:nbn:de:bvb:12-bsb00025191-3, **Abb. 18 und 19** © Claudia Prieler, **Abb. 20** © The Trustees of the British Museum. All rights reserved, ID 00434736001, **Abb. 21** © Germanisches Nationalmuseum Nürnberg Aufn.-Datum: 1986 - Rechte vorbehalten, Inv. HB 15079, Kapsel-Nr. 1335, **Abb. 22** © Wien Museum, Inv. 18764, **Abb. 23 und 24** © Wien Museum, Inv. 31262, **Abb. 25** © Belvedere, Wien, Inv. 2080, **Abb. 26 und 27** © Belvedere, Wien, Inv. 2914, **Abb. 28** © Wien Museum, Inv. 98096, **Abb. 29** Bayerische Staatsbibliothek München, Scan Nr. 5, Sign.Augsburg, Staats- und Stadtbibliothek -- HV 1951, urn:nbn:de:bvb:12-bsb11254401-4, **Abb. 30**

Quelle: Klassik Stiftung Weimar, Herzogin Anna Amalia Bibliothek, PPN: 715789406, EPN 1305662857, 1848, Scan Nr. 4, **Abb. 31** © Wien Museum, Inv. W 6775, **Abb. 32 und 33** © Claudia Prieler, **Abb. 34** © ÖNB/Wien, Sign. PORT_00091976_01.

Danksagung

Ich möchte mich bei folgenden privaten Förder*innen herzlich bedanken: Erwin Aufhammer, Karin und Robert Fritz, Michael Mussil, Familie Ressel aus Brunn am Gebirge.

Weiters gilt mein Dank Herrn Wolfgang Schmale für das Lesen des Manuskripts, meiner Familie für Anmerkungen, Tipps, Korrekturen, Fotos und allgemein für ihre Unterstützung in jeglicher Hinsicht. Frau Eva Buchberger vom Verlag danke ich für die konstruktive Zusammenarbeit.

Anmerkungen

1 Konfessionen sind christliche Glaubensrichtungen, die sich einige Zeit nach dem Beginn der Reformation im Jahr 1517 voneinander abgespalten haben. Die drei größten Konfessionen waren römisch-katholisch, lutherisch und calvinistisch. Konfessionalisierung bedeutet das Vereinheitlichen christlicher Praktiken in der Bevölkerung eines Fürstentums je nach Konfession.

2 Die Sage um den *Ewigen Juden in Wien* – unter der Kategorie »Sagen mit historischen Persönlichkeiten« (!) – schließt mit dem Satz »Das war Ahasver, den man seither nicht mehr gesehen hat.« – und damit die Gugitzsche Sagensammlung ab (Gugitz 1952, S. 156). Ein paar Jahre nach der Diaspora und Shoa war das entweder makabrer Zufall oder geschmacklose Absicht. Im Jahr 1937 war eine gleichnamige Ausstellung Teil der Hetze gegen Juden.

3 Gugitz 1952, S. VII.

4 Petzoldt 1999, S. 116.

5 Der Deutsche Bund war nach der Auflösung des Heiligen Römischen Reiches im Jahr 1806 ein föderatives Nachfolgegebilde von 1815 bis 1866, der vor allem an der innerdeutschen Rivalität zwischen Österreich und Preußen scheiterte.

6 Vgl. ebd.

7 Gugitz 1952, S. VIII.

8 Kaltenbaeck 1845, S. IV.

9 Gebhart 1854, Vorwort.

10 Gebhart 1856, Vorrede.

11 In Gebhart 1854. Die Transsubstantiation ist ein eindeutig katholischer Unterscheidungsbegriff im Streit um die Eucharistie. Dabei wird um die zentrale Frage gestritten, ob die Wandlung von Brot und Wein in Fleisch und Blut Christi substantiell stattfindet oder ob sie bloß in Erinnerung an das Letzte Abendmahl gefeiert werde. Letzteres betonten die Calvinisten im Gegensatz zu den Katholischen, die an die wirkliche Wandlung auf der Substanz-Ebene des Brotes bzw. des Weines glauben. Die lutherische Auffassung wird oft als eine zwiespältige Zwischenposition gedeutet.

12 In Gebhart 1856. Die Calvinisten waren ab der zweiten Hälfte des 16. Jh. die gefährlicheren »Ketzer« aus Sicht der Habsburger.

13 Vgl. Rumpler 2005, S. 342–347.

14 Bermann 1865, Vorwort, o.S.

15 Gugitz 1952, S. XV.

16 Ebd., S. IX.

17 Vgl. Heer 2001, S. 138–139.

18 Die Lange Dauer (eigentlich aus dem frz. longue durée) ist ein Begriff der Geschichtswissenschaft für lang andauernde Prozesse in der Geschichte.

19 Ich verwende Reformation oder reformatorisch als Überbegriff für die Erneuerung und Abspaltung von christlichen Glaubensrichtungen von der römisch-katholischen Kirche, im Bewusstsein, dass auch die Letztere eine interne Reformation durchlaufen hatte. Zur Reformation gehören auch kleinere Gruppierungen wie die Täufer*innen. Evangelisch und protestantisch wird meist synonym verwendet, wobei – historisch präzisiert – die Protestanten einst eine politische Bewegung evangelischer Reichsstände ab dem Jahr 1529 bezeichnete.

20 Leeb, Rudolf/Öhlinger, Walter/Vocelka, Karl (Hg.): Brennen für den Glauben. Wien nach Luther (Wien 2017).

21 Das Kapitel über den Basilisken ist die überarbeitete Fassung meines Aufsatzes »Der Basilisk – eine gegenreformatorische Sage« in *Steine sprechen – Zeitschrift der österreichischen Gesellschaft für Denkmal- und Ortsbildpflege* (Nr. 153, 2018). Danke an den Kirchenhistoriker Rudolf Leeb für einige Hinweise.

22 Buch Daniel, Das IIII Capitel. In: Hätzer/Denck 1527, S. CCCXXXII.

23 Vgl. Veverka 1977. Die Wortfolge »Stock im Eisen« wurde im 19. Jahrhundert auch mit einer ehemaligen Inschrift auf einem Torbogen des Wiener Rotenturm-Tores in Verbindung gebracht, die potenziellen Unruhestiftern gedroht hatte, sie »in Stock und Eisen« zu schlagen. Vgl. Realis 1846, S. 290.

24 Vgl. Pauser 2017, S. 69.

25 Vgl. ebd., S. 70.

26 Baltzarek 1974, S. 195. In der Stadtchronik von Wolfgang Lazius werden die Handwerker allerdings wieder im Äußeren Rat genannt, in den sie in »allgemeiner Not« einberufen werden, Vgl. Lazius 1546, 3. Buch, S. 125.

27 Vgl. Schulze 1987, S. 150 f.

28 Rauscher 2017, S. 103.

29 Scheutz 2003, S. 68.

30 Policeyordnung von 1527, Artikel 65. Zit. in ebd., S. 68: *in solher procession sollen alle leichtfertige Spill die mer glaechters dann andacht erwegkhen/genntzlich vermiten werden.*

31 Zit. in Seebaß 2002, S. 335.

32 Vgl. Leeb 2003, S. 187.

33 Leeb 2017, S. 127.

34 Vgl. Winkelbauer 2003, S. 160–177.

35 Seebaß 2002, S. 283.

36 http://www.hutterites.org/the-leut/origins-leut/, letzter Zugriff: 24.03.2021.

37 Der Titel wurde hier entsprechend der Bearbeitung an die heutige Orthografie angepasst und verkürzt.

38 Vgl. Hut (1527), in Seebaß/Fast 2007, S. 179.

39 Ebd., S. 183 f.

40 Vgl. Rothkegel 2017, S. 160.

41 Kursiv hervorgehoben vom Verfasser.

42 Hier wird nur auf dem Baum fokussiert. In dem Traum wird anschließend auch eine Verwandlung in ein Tier suggeriert.

43 Vgl. Perger 1977, S. 44.

44 Vgl. Peil 1988/1991.

45 Das »vierte Weltreich« wurde von den protestantischen Reichsständen im 17. Jh. als »deutsches« Heiliges Römisches Reich gegenüber spanischen Allmachtsansprüchen behauptet – Vgl. Burkhardt 1992, S. 31.

46 Vgl. Zeiller 1632, S. 496.

47 Müntzer 1524, S. 19.

48 Zit. nach Beck 1883, S. 123.

49 Burgerstein (1910) nahm an, dass die Aststümpfe oben Wurzeln seien, was von Bednar (1977) bestritten wurde. Vgl. Bednar 1977, S. 18.

50 Vgl. Abbildung der Kerbe in Harl 1977, S. 6.

51 Bednar 1977, S. 22.

52 Vgl. ebd.

53 Ebd.

54 Vgl. Perger 1977, S. 34.

55 Vgl. ebd., S. 33.

56 Zit. in ebd.

57 Perger 1974, S. 217.

58 Eichinger/Enzensberger 2011, S. 21.

59 Schulze 1987, S. 217 f.

60 Vgl. Rothkegel 2017, S. 160.

61 Schulze 1987, S. 144 f.

62 Vgl. Lazius 1546, 2. Buch, S. 77.

63 Rothkegel 2017, S. 159.

64 Die Fronleichnamsprozessionen im Wien des 16. Jahrhunderts kann man in der Brisanz mit den protestantischen Orangemen's Day-Prozessionen (»The Twelfth«) in Nordirland bis in die Gegenwart vergleichen, die regelmäßig unter konfessionellen Vorzeichen politische Provokationen mit Gewaltpotenzial liefern.

65 Vgl. Perger 1977, S. 37.

66 Ersteres betonte Trevor-Roper 1967. In Referenz auf den deutschen Experten in Sachen Hexenverfolgungen, Wolfgang Behringer, etwas relativierender für Österreich Vgl. Winkelbauer 2003, S. 267–305.

67 Diese Dynamiken entwickeln sich dennoch in einem dialektischen Wechsel-

spiel. Der Vergleich soll nicht die österreichische Opferthese – Österreich sei eine »von oben« zur Gewalt verführte Gesellschaft – unterstützen!

68 Wie in der Einführung erwähnt ist der Klassiker dazu: Hobsbawm/Ranger 1983.

69 Vgl. Winkelbauer 2003, S. 281.

70 Scherer 1584.

71 Vgl. Winkelbauer 2003, S. 299 f.

72 Scherer 1584, S. 27, durch den Verfasser orthografisch angepasst an die heutige Schreibweise.

73 Zeiller 1632, S. 297. Zauberer oder Hexen gelten hier beide für die Anhänger*innen des Teufels.

74 Dazu allgemein: Waite 2009.

75 Zeiller 1632, S. 141.

76 Vgl. ebd., S. 372.

77 Warum in den Sagen es oft der Geselle ist, der in Konkurrenz zu seinem Meister einen Bund mit dem Teufel eingeht, hat neben der Vorlage der Ovidschen Daedalus-Perdix-Episode (siehe Puchsbaum-Kapitel) vielleicht auch mit einer wirtschaftlichen Schlechterstellung der fahrenden Gesellen gegenüber den etablierten Meistern und Zunftmitgliedern zu tun, was sie noch mehr für radikal-reformatorische Gruppen empfänglich machte. »Gesellenunruhen waren letzten Endes Handwerkerbewegungen. Sie waren das Ergebnis der sich verschlechternden wirtschaftlichen Lage der Handwerker am Ende des 18. Jh. ähnlich wie in der Zeit um 1600.« Gerteis 1981, S. 52.

78 Vgl. Gugitz 1952, S. 57.

79 Vgl. Waite 2009, S. 62.

80 Vgl. Rothkegel 2017, S. 159.

81 Vgl. Waite 2009, S. 187.

82 Scheutz 2003, S. 81.

83 In Fuhrmann 1739, S. 807–808 wird dieser »Bericht« auf Grundlage einer Schrift von 1609 des Syndicus und Notarius der Universität Wien, Petrus Hoffmann, wiedergegeben. Vgl. Gugitz 1952, S. 31 und S. 170.

84 Vgl. allgemein Hadamowsky 1991 und Duhr 1913, S. 671.

85 Vgl. Duhr 1913, S. 672–673.

86 Ebd., S. 680.

87 Vgl. ebd., S. 691.

88 Bormastino 1719, S. 16. Dafür dienten auch ältere christliche Topoi als Vorbild.

89 Vgl. Zeiller 1632, S. 187.

90 Vgl. Burkhardt 1992, S. 130.

91 Zeiller 1632, S. 116.

92 Vgl. Burkhardt 1992, S. 30–33.

93 Strohmeyer 2020, S. 143.

94 Sturm 1659 (Ausgabe von 1866), S. 56.
95 Vgl. Dieterich 1621, S. 27.
96 Vgl. ebd., S. 28.
97 Vgl. Winkelbauer 2003, S. 207.
98 Jungmann 1840, S. 5 f.
99 Vgl. Österreichischer Myrrhen-Berg 1723, S. 18–19.
100 Vgl. ebd., S. 7. Mit Rebellen wurden auch Protestanten bezeichnet.
101 Schmidl 1839, S. 303.
102 http://landesmuseum.blogspot.com/2013/08/breite-fohre.html, letzter Zugriff: 27.01.2020.
103 Vgl. Burgerstein 1910, S. 96–98.
104 Dem berühmten, in Wien auch sagenhaft erinnerten Arzt Paracelsus zufolge hatte der Teufel mit dem Basilisken das böseste Monster geschaffen. Vgl. Sammer 1998, S. 23.
105 Lazius 1546, 3. Buch, S. 131.
106 Abermann 1692, 3. Buch, S. 62.
107 Harrer-Lucienfeld 1954, S. 249. Große Lücken in der Hausgeschichte des Basiliskenhauses sind auch in der Studie zur Baugeschichte des Heiligenkreuzerhofes von Kaltenegger/Mitchel (2002) bestätigt, wo es gar nicht erwähnt wird.
108 Vgl. Sammer 1998, S. 104.
109 Vgl. ebd., S. 57–60.
110 Vgl. ebd., S. 106.
111 Identisch bereits überliefert in Lambeck 1665–79, S. 458. Im 17. Jh. selbstverständlich noch ohne den späteren Renovierungsdaten aus dem 20. Jh. und noch mit der ursprünglichen Jahreszahl MCCXII, womit die Jahreszahl 1212, die meist überliefert wird, auch in römischen Ziffern korrekt wäre. Nach Sammer 1998, S. 116, wurde die Inschrift in Sebastian Münsters *Cosmographia* (von 1598) erwähnt. Ein Münchener digitalisierter Scan dieser Ausgabe gibt im Register für Wien »was sich allda verloffen« sowie Seitenzahlen an, die in derselben Ausgabe aber nicht mehr existieren. Was stand darin geschrieben? Münsters Werk war öfters im Visier der Zensur.
112 In den Quellen in der hier zitierten Literatur (Wiedemann 1873) wird Spanring mit einem »n« geschrieben. Abweichungen sind in der frühneuzeitlichen Orthografie üblich.
113 Wiedemann 1873, S. 12.
114 Vgl. Harrer-Lucienfeld 1954, S. 249.
115 Erinnern wir uns: am 14. August fand die Teufelsaustreibung unter seiner »Leitung« gleich ums Eck in der Barbarakapelle statt.
116 Sie entstand als Polemik gegen das *Augsburger Interim*, einer kaiserlich verordneten Übergangslösung nach dem Schmalkaldischen Krieg zwischen Kaiser, katholischen und evangelischen Reichsständen.

117 Vgl. Wiedemann 1873, S. 60.
118 Alberus 1552, o. S.
119 Vgl. Schweighofer 2017, S. 181.
120 Kaltenegger/Mitchel 2002, S. 394. Ein Foto in dem Aufsatz zeigt eine Innenansicht des Brunnens.
121 Vgl. ebd., S. 393.
122 Vgl. Gall 1970, S. 61.
123 Vgl. Sammer 1998, S. 104.
124 Vgl. Münster 1588, S. MCCCLVI. Gebhart (1862) vergleicht die Wiener Basiliskenfigur aus Stein mit einem »kalkutischen Hahn« (Gebhart 1862, S. 26).
125 Vgl. Rader 2019, S. 445–462.
126 Bermann 1865, S. 6.
127 Vgl. Sammer 1998, S. 104–105.
128 Alberus 1552, o. S.
129 Vgl. Realis 1841, S. 10.
130 Die Warschauer Variante rezipiert mit dem Motiv des Verbrechers als spiegelbehangenen Helden deutlich den antiken Alexanderroman. Vgl. Sammer 1998, S. 104–105, S. 111–114.
131 Vgl. Sammer 1998, S. 105 und S. 111.
132 Vgl. Harrer-Lucienfeld 1954, S. 247.
133 Vgl. Fuhrmann 1738, S. 484.
134 Realis 1841, S. 68.
135 Vgl. Lambeck, 1665–79, S. 456–458.
136 Eduard Suess: Der Boden der Stadt Wien (…) (Wien 1862).
137 Vgl. Bermann 1880, S. 368 und Kisch 1883, S. 392 f. Später in diesem Kapitel dazu detaillierter.
138 Sie wird bei u.a. Bermann als eine ins Mittelalter transferierte Verwechslungsgeschichte um eine Liebesheirat eines Mündels mit einem Jäger erzählt. Vgl. Bermann 1880, S. 368. Gugitz (1952) führt sie unter »Sagen um Wiener Hauszeichen« gar nicht mehr an.
139 Abraham a Sancta Clara (o. J.) (Wien 1812).
140 Vgl. Lang 2017, S. 144–149.
141 Grumbach 1523, S. 79.
142 Sachs 1524, S. 10.
143 Ebd., S. 11.
144 Althamer 1528, S. 193 linke Seite.
145 Schulze 1987, S. 243.
146 Leeb 2017, S. 121.
147 Vgl. Winkelbauer 2003, S. 15.
148 Vgl. Hammer-Purgstall 1847, S. 232.
149 Dazu als geeigneter Überblick: Kohler 2006.

150 Aus dem Gutachten Khlesls an Erzherzog Maximilian, zit. in Hammer-Purgstall 1847, S. 170.
151 Grimm 1834, S. XXXV f.
152 Ebd., S. XXXIV.
153 Bereits vermutet z.B. in der Arbeiter-Zeitung (22.05.1930), S. 5.
154 Vgl. Harrer-Lucienfeld 1957, S. 54.
155 Vgl. Pantaleon 1563, S. 8.
156 https://schotten.hypotheses.org/tag/hussiten, letzter Zugriff: 23.3.2021.
157 Eine nach dem Ausgangsort – dem Stift Melk – benannte Reform zur Qualitätssicherung für das klösterliche Leben und Arbeiten.
158 Vgl. Harrer-Lucienfeld 1957, S. 54 f.
159 Kisch 1883, S. 391f.
160 Zit. nach ebd.
161 Ebd., S. 392.
162 Grimm 1834, S. XXXIV.
163 Zit. nach Roper 2016, S. 192.
164 Ebd., S. 488.
165 Grimm 1834, S. XLI.
166 Vgl. Harrer-Lucienfeld 1954, S. 365.
167 Das »Dreißigeramt« der ungarischen Krone erhob Außenhandelszoll und wurde von niederösterreichischen Beamten von Wien aus mit kontrolliert.
168 Harrer-Lucienfeld 1954, S. 365.
169 Winkelbauer 2003, S. 129.
170 Vgl. Czeike 1975, S. 44 f.
171 Vgl. Wiener Zeitung (9. September 1847).
172 Vgl. Wiener Zeitung (10. September 1847).
173 Vgl. Pauser 2017, S. 67.
174 Vgl. Roper 2016, S. 253 f., in einem Brief Luthers an Spalatin vom 15. August 1521.
175 Die Schwankung der Schreibweise zwischen Puchsbaum und Buchsbaum oder auch Buxbaum in den Sagenvarianten ist derart stark und beliebig, dass hier im Text Puchsbaum verwendet wird, es sei denn aus spezifischen Varianten anders zitiert.
176 Römisch-lateinische Mythensammlung um Verwandlungen in der Menschen- und Götterwelt der griechisch-römischen Antike. Entstanden um den Beginn christlicher Zeitrechnung.
177 Ovid, 8. Buch Vers 250 f. In: Stuttgart 2003, S. 407.
178 Tilmez 1722, S. 96.
179 Hormayr (Hg.) 1824, S. 45–47.
180 Eine Volkssage von Gangolf – vermutlich ein Pseudonym von Adolf Bäuerle (?), in: Bäuerle (in den Ausgaben vom 8.–15.08.1820).
181 Trimmel 1837, S. 220.

182 Fortsetzungsnovelle in: Bäuerle (in den Ausgaben 24.03.–03.04.1838).
183 Bermann 1865, S. 50 und Bermann 1878, S. 89 f.
184 Pischinger (Hg.) 1949, S. 27.
185 Schmidt 1868, S. 20.
186 Moderne Klassiker 1853, S. 68.
187 Strophennummerierung ist vom Verfasser zum Zweck der anschließenden Analyse hinzugefügt.
188 Vogl (Wien 1845), S. 69–74.
189 Goethe 1808, S. 98.
190 Lenau 1858, S. 62.
191 Bäuerle (in den Ausgaben 08.–15.08.1820).
192 Goethe 1773, S. 3.
193 Ebd., S. 14.
194 Vormärz bezeichnet die Zeit vor den Märzrevolutionen im Jahr 1848 und wird geläufig als konservative und restaurative Epoche nach der Wiederherstellung der monarchischen Struktur Europas nach dem Wiener Kongress 1814/15 bzw. nach 1830 bis in das Jahr 1848 für die Länder des Deutschen Bundes bewertet.
195 Vogl (Wien 1845), S. 58.
196 Ebd., S. 64–68.
197 Scherer 1584, S. 27, vom Verfasser hervorgehoben und orthografisch angepasst an die heutige Schreibweise.
198 Kaltenbaeck 1845, S. VII f.
199 Osterhammel 2009, S. 1254.
200 Dieses 41. Kaiserliche Patent vom 8. April 1861 sollte den Evangelischen »principielle Gleichheit vor dem Gesetz« gewährleisten.
201 Bermann 1865, S. 50.
202 Ebd.
203 Vgl. Gugitz 1952, S. 56.
204 Rezension zu J. N. Vogls »Dom-Sagen« von J. N. Waldschütz (16.05.1845). In: Der Wiener Zuschauer, Jg. 1845, Bd. 2., S. 622.
205 Ein sehr offener Begriff, den später aber auch übernationale und monarchietreue katholische Zeitungen wie »Das Vaterland« übernahmen.
206 Vogl (Jena 1845), S. 95.
207 Fallersleben 1844, S. 6.
208 Vogl 1848, S. 3.
209 Vgl. ebd. S. 10.
210 Russell 2000, S. 217.
211 Vgl. Grabner 2016, S. 186.
212 »Schon im J. 1845 erhielt er von der Universität in Jena das Diplom eines Doctors der Philosophie.« Schmidt 1868, S. 38.
213 Lönnecker 2006, S. 7.

214 Vgl. Vogl 1853, S. 59.
215 Schmidt 1868, S. 29.
216 Vgl. ebd., S. 46.
217 Wurzbach 1885, S. 182.
218 Heer 2001, S. 283.
219 Dank der ausführlichen Auskunft von Petra Werner M.A., Hauptkuratorin und Leiterin des Referats Kunst- und Kulturgeschichte des Porzellans, Porzellanikon, Staatliches Museum für Porzellan, Hohenberg a.d. Eger/Selb.
220 Zuckmayer 1967, S. 71.
221 Vgl. Zehetner/Linke/Zowa 2016, S. 429.
222 Bermann 1878, S. 63 f. Karyatiden sind heute eher als Steinfiguren in Frauengestalt mit echter oder dekorativer Stützfunktion in der Architektur bekannt.
223 Gugitz 1952, S. 193.
224 Illustriertes Wiener Extrablatt, 21.02.1874, S. 4.
225 Vgl. Schmidt 1868, S. 16.
226 Haas/Velek/Fasora 2019, S. 52.
227 https://deutsch.radio.cz/einst-kommunistische-pilgerstaette-und-heute-streit-ums-geburtshaus-von-jan-hus-8572294, http://muzeum.sumava.net/?p=1604, https://cesky.radio.cz/jan-hus-celebrita-sve-doby-8188258, letzter Zugriff: 14.01.2021.
228 Vgl. Zíbrt 1889, S. 244. Vielen Dank an Mag. Florian Ellinger für die Recherche und die Übersetzung.
229 Pantaleon 1563, S. 14: »(…) nam & noctem praeteritam dolore dentium totam insomnem duxerat.«
230 Heer 2001, S. 43.
231 Vgl. Zíbrt 1889, S. 244.
232 Augustinus (Reclam 2017), S. 230.
233 Ein brutaler »Neben«-Effekt der Hussitenkriege war die Vertreibung, Folterung und Zwang zum Massenselbstmord der jüdischen Gemeinde Wiens, die sogenannte Wiener Gesera, im Jahr 1421.
234 Vgl. Zehetner/Linke/Zowa 2016, S. 431.